文化叢刊

莊子的風神：

由蝴蝶之變到氣化

趙衛民◎著

前言

莊子的夢與死

——由蝴蝶之變到氣化

夢是眞實還是虛幻？莊子紀錄下他的夢境，並作了「夢的解析」，莊周夢蝶，這與佛洛伊德多麼不同，我們無法從中讀出任何伊底帕斯情結。蝴蝶輕盈飄然，哪裡來弒父戀母的沉重罪惡感？在夢中栩栩然化爲一隻蝴蝶，這是適合莊子志向的（「自喻適志與」）。在夢中莊子完成了蝶變，夢還不只是夢想而已，故而在夢中不知道自己是莊子（「不知周也」）。

在夢中完成的蝴蝶之變，醒來還持續嗎？當然還持續，只是不能還認爲「我是蝴蝶」，這樣就會被認爲是神經病。醒來後，意識清醒，必須認清自己不是眞的成爲蝴蝶（「周與胡蝶，則必有分矣」）。但潛意識的影響，必然造成意識的變化，這是莊子生命中重大的生成變化。套用哲學家德勒茲(Gilles Deleuze, 1925-1995)的意思，這是變成—蝴蝶(becoming-butterfly)，蝴蝶之變改變了莊子的生命型態，完成了莊子—蝴蝶在人間的新身分。莊子釋夢曰：「此之謂物化。」從受到蝴蝶的影響而變化，而成爲隨順蝴蝶而變化；莊子不是捕蝶人而是蝴蝶人。生命太沉重，故而莊子想飛，尼采(Friedrich Nietzsche, 1844-1900)說：「人已學習了一切動物的美德，只有飛鳥還超過他。」「想飛」的眞實感受，到最後完成了一大超越現實生命的變化，故名之曰蝶變；沒有蝴蝶之變，就沒有大鵬之變。在哲學家中，莊子不也是一隻不凡的神鳥嗎?蝴蝶輕盈飄逸，莊子風格(無論生命或行文)也是瀟灑飄忽；神鳥本是風鳥，從蝴蝶到大鵬，只是一氣之化而已。物化與變形，其義一也；不是形體眞的變了，而是蝴蝶或大鵬進入了他的身體—知覺中。

如果稍加引伸，蝴蝶多少帶點美少女意味，蝴蝶之變也是女人之變。不是雌雄合體，而是女人進入了他身體—知覺中，引發他身體—知覺的變化，所以神人才是「肌膚若冰雪，綽約若處子，吸風飲露」，皮膚晶瑩剔透，像擦了雪花膏似的。

郭象注此段曰：「覺夢之分，無異於死生之辯也。」把夢與醒視爲死與生，錯過了蝴蝶之變的精采處。郭象只把「物化」解釋爲生死的變化，這是郭象的狹隘。透過郭象，不足以理解莊子的風神；甚至透過魏晉玄學，無法恢復先秦道家的風貌。持傳解經的成規，也只是陋規，必須跳出成規之外。郭象爲小，莊子爲大，這才是小大之辯。

同樣，從〈逍遙遊〉中惠施的大樹無用論，莊子說：「何不樹之於無何有之鄉，廣莫之野，彷徨乎無爲其側，逍遙乎寢臥其下。」莊子提出「逍遙無爲」的思想對治。以至於〈人間世〉中匠人的「櫟社見夢」，大樹神說以不材之木之無用，乃成其大用。那麼，匠人也完成他的神木之變。匠人在夢中完成了神木之變，匠人—神木就是在人間的新身分，醒來後，潛意識完成的，在意識上收穫，神木必將進入他的身體—知覺中，這是人成爲神人的契機—這也是南伯子綦見商丘大木，以不材之木而成大木，終能悟道。

物化當然也包含死生變化，物化本以「喪我」爲工夫。既已「喪我」，生死不過一氣之化，生死存亡爲一體。這是在自然時間上的生成變化，不及於在精神開展在時間上的生成變化。雖說生死存亡爲一體，但道家仍有養生之道，可以保護身體、保全生命（「可以保身，可以全生」）。

物化之道的生死之變（「辯」），在〈內七篇〉中首先出現的是「庖丁解牛」。「庖丁解牛」也是藝術之道。

「桑林之舞」是國家祭祀的大典，宰牛以爲犧牲，祭祀桑樹神。桑樹的桑葉用以養蠶，蠶吐絲以製絲綢，運銷各地，是國家經濟命脈。犧牛濺血，滋潤大地，讓桑樹可以繁衍生長。「庖丁解牛」是國家級的演出，也是民族傳統的節慶。

首先是藝術家庖丁。由族庖處理牛體的輕慢，到良庖的技術熟練，花費了近三年工夫，都不見直接面對活體的牛。由良庖裂解牛體的技術到庖丁面對活牛的神乎其技，並未說明花費多少年工夫。時間上的斷裂是一異質的跳躍：良庖成爲庖丁，是由好廚子一躍成藝術家。藝術家的創作活動，是讓活牛得以解體的超完美演出。解牛的過程，是藝術作品；活生生的牛，是藝術家所面對的力量—世界。

藝術家的創作活動，除累積了技術經驗以外，「臣所好者道也，進乎技矣」，才能超過熟練的技術，成爲巧妙的藝術。創作活動以身體—知覺爲基礎，「手之所觸，肩之所倚，足之所履，膝之所踦」，是像有節奏的舞蹈般一樣的身體—藝術。解牛的過程成爲舞蹈，不僅只是表面的身體姿態，牛並非靜止的自然素材，任他隨意加工，牛所展現的是自然的渾沌力量。在人與牛之間，必有力量對抗力量的搏鬥過程，身體的手、肩、足、膝各部分協作，必然發揮最大的力量，進而產生運作的節奏。牛的抗拒、奏刀的進程，必在力量的節奏間產生姿態的美感。

藝術家所面對的世界或自然，見現在一隻躁動不安的牛身上，而力量卻產生於氣化活動的空虛之處。藝術家在某種型態上也有暴力美學，他必須發揮最大的力量，以與自然的渾沌力量相應，奏刀得以進入牛骨中的空虛之處。欣賞者可感受到的美感，除了有節奏的身體姿態外，還有「砉然嚮然，奏刀騞然，莫不中音」，奏刀的聲音、牛骨分離的聲音莫不合乎音律，甚至視覺上的美感是配合聽覺的美感的。

藝術家的創作過程，必面對創作過程的艱難，在細微處要小心謹慎。「每至於族，吾見其難爲」，行爲變得緩慢，動刀微妙，奏進筋結的空虛處。筋結空虛處，正是氣化之處，藝術家庖丁此時視覺停止，在牛身內部骨節、筋絡的空虛中展開觸覺空間，神行於糾葛複雜的筋結之間，以無厚度的刀刃，在空虛之處亦即氣化之處，分解了狂暴的力量，碩大的牛體才像土塊般委落。庖丁對自己的身體—藝術的表現，「躊躇滿志」，但他所完成的是「道隱於小成」的小成之道，他的世界仍須依待外在的條件即解牛來完成。生命的藝術要依賴養生之大道來完成。

庖丁解牛的技巧，是可見的形象或形式，至於「道」，「進乎技矣」是不可見的思想或內容。文惠君初則贊歎高超的技巧，庖丁的解說，才使得長期的專注和苦心得以見到，藝術之道必得在身體—知覺的感受上伸展，並發揮最大的力量而產生節奏，才得以進入自然狂暴的力量之中。文惠君的「吾得養生哉！」則取得了人生的維度，欣賞者別有會意的神態，是悟得了「神游於物之虛」的道理。超過解牛的藝術的是生命的藝術。人生的複雜糾葛，在物事變化之處，小心謹愼，養神於虛空之處，不發生實質的磨擦，才能涵養生命。即虛生氣，即氣化神。

尼采說：「藝術提醒我們動物精力的狀態；它在一方面是把生理性發揮到意象世界的過度和滿溢；在另一方面，通過強化生命的意象和渴望而刺激動物的功能——增加生命的感覺。」這種增加生命的感覺在莊子這邊，逐漸轉入養生存神。在〈人間世〉中，自然暴烈的力量，轉爲以暴君爲代表的戰爭集團性暴力，解牛的神完氣足是也就轉爲支離疏的「支離其形者，猶足以養其身，終其天年」。天下已不可爲。

莊子的時代，戰爭兵禍不斷，「福輕乎羽，莫之知載；禍重乎地，莫之知避。」幸福比羽毛還輕，不知能承載什麼；災禍比大地沉重，不知如何趨避。要避開災禍，就如自糾葛複雜的筋結間回身，離開見用於天下的世俗思想，在更廣闊的自然空間中，尋求逍遙的至福。面對戰爭年代的沉重，你得有蝴蝶之輕；先完成蝴蝶之變，才有大鵬之變。先有物化，才得以逍遙。死生存亡至此，也就成爲外在事件的變化和命運的進行了。

目次

第一章
莊子的文體與風格
——序論

莊子不僅是哲學家，他的《南華經》也成爲美文的代表。本文的目的，正是爲探索莊子散文的藝術何在？

將散文視爲藝術，首先得破除文字的工具觀，即不以實用的方式看待文字。莊子的寫作方式是寓言、卮言、重言。寓言是假借作者來論道，是散文體虛構故事，並常運用比喻和傳說。有動物寓言故事，也有植物寓言故事，夢幻體創作的寓言，和人物寓言。人物寓言中的主人翁也常依民間職業，依形體殘缺部位、依觀念，依自然精靈來命名。重言也是寓言，是借重先輩的言論來停止爭論的，重言中的人物與人物寓言中的部分有重疊，但可另區分爲三類：哲學人物，神話、傳說及歷史人物，政治人物。這裡區分的標準是人物能不能「經緯本末」，也就是有無得道爲標準，否則只是

「陳人」，陳舊的人。卮言是沉醉的言語，永遠日新不已，永遠是新的見解與新的事物。卮言也是走出自己的主觀性，達到出神的神秘經驗。

莊子的散文是運用散文來溝通與交流，目的是論道。而他採用散文虛構體裁的寓言故事並堅持對話主義。寓言有時採取事件的並列，有時寓言再套寓言，增加了複雜性。有時散文的藝術性不足，他更特別注重言語的詩化。

莊子做爲哲學家，是老子道家哲學的繼承者。莊子還有一個文學家身分。通常以哲學家散文來說，莊子《南華經》（暫不論是否全出自莊子之手）總令人聯想起尼采的《蘇魯支語錄》（*Thus Spoke Zarathustra*），這表示二者均有卓越的文學表現。當然，散文是個概括的說法，在莊子的哲學「散文」中，事實上不只是散文一種文類，是混合文類。

不過，在進一步區分前，先讓我們問一問：何謂哲學性散文？如果用散文闡述哲學論點，一般說，就是哲學性散文了。那麼這樣是否還有「散文的藝術」呢？

散文通常是把文字視爲工具，而且是溝通、交流的工具。換言之，散文對於日常的溝通、交流均屬於實用的態度。因此，散文可以視爲日常實用操作的手段，人對文字採取一利用態度，目的只是爲了溝通、交流彼此的意旨。哲學家沙特（Jean-Paul Sarte, 1905-1980）就曾運用得自海德格（Martin Heidegger, 1889-1976）的工具觀念，從實用觀念來說明散文：從本質上說，散文是實用的，我可以對散文作家下一定義，說他們是運用語言的人……散文的技巧是用在談話；它的實質根本是表達意義的；這就是說，語言不是對象，而是指示對象的東西；這不是認知語言本身是否好壞的問題，而是指認知語言是指正確指示某一對象或某一觀念的問題[1]。實用觀念是運用文字來指示對象，就如同用工具指向日常實用操作的對象一樣。指示對象就是表達意義，以利彼此溝通、交流。

但是，人在日常的溝通、交流中，使用文字來表達意義，也就是所謂使用日常語言。不論主題是針對人與物，或是表達社會與自然的觀點，都在某種程度上顯露世界的意義。但這種文字的工具觀，一旦得到表達意義的效果，文字只是方便的工具，使用完畢旋即可以棄之一旁，只是達到目的之手段而已。散文把文字視爲日常溝通、交流的語言，這種文字或語言的工具觀，是出自〈雜篇・外物〉：

> 荃者所以在魚，得魚而忘荃；蹄者所以在兔，得兔而忘蹄；言者所以在意，得意而忘言。

「荃」是捕魚的工具，目的是爲了捕魚，捕到魚就把工具忘在一旁。「蹄」是捕兔的工具，目的是爲了捕兔，捕到兔就把工具忘在一旁。正像言語是表達意義，意義溝通或交流過，就把言語忘在一旁。這言—意結構，到了王弼，又複雜化爲意—象—言結構，「意以象盡，象以言著。故言者所以名象，得象而忘言。象者所以存意，得意而忘象。」[2] 象與言仍是工具，此處的象就是固定的執象。

不過，問題並不如此輕易。當懷海德(Alfred North Whitehead, 1861-1947)說：「哲學，是想用有限度的語言，去表達無限度的宇宙。」[3]這就牽涉到用有限的語言來表達無限的道的問題。甚至意的不穩定性，也非語言——工具所能把握。

夫言非吹也，言者有言，其所言者特未定也。(〈齊物論〉)

言語不是像吹風一樣[4]，換言之，不是「自然」的，至少表示意「特未定也」的層次。總之，在言以上的層次，都產生會被言語所隱蔽的狀態。

道惡乎隱而有眞僞？言惡乎隱而有是非？道惡乎往而不存，言惡乎存而不可？(〈齊物論〉)

道會隱蔽不僅是意的不穩定，還得視是否爲「體道之意」，有未能體道之意，自然有僞道之意。意的不穩定，就被言語所隱蔽而產生是非對錯的問題。道在時間中變化，甚至道的變化就是時間的運行，變化與運行其義一也。道只是消逝而無法存留，言語雖然存留，卻無法挽救大道的消逝。這裡我們看到語言的工具觀與道對立的緊張性，即是說如果哲學性散文只是以文字作爲工具，而企圖表達消逝中的大道，將會徒勞無功。

聖人之意在於道，這個「意」字或可以解釋爲「心靈的態度」[5]。哲學性散文，是用以解釋、說明哲學觀念的。不過，解釋或說明的文字，似乎正是散文的工具觀，不能達到無限的道。那麼，莊子是憑藉什麼方法呢？什麼是散文的藝術呢？莊子的寫作方式是以什麼方式呈現呢？

> 寓言十九，重言十七，卮言日出，和以天倪。藉外論之。親父不爲其子媒。親父譽之，不若非其父者也；非吾罪也，人之罪也。與己同則應，不與己同則反；同於己則是之，異於己則非之。重言十七，所以已言也，是爲耆艾。年先矣，而無經緯本末以期年耆者，是非先也。人而無以先人，無人道也。人而無人道，是之謂陳人。卮言日出，因以曼衍，所以窮年。不言則齊，齊與言不齊，言與齊不齊也。故曰無言。（〈雜篇・寓言〉）

寓言、重言、卮言均視爲莊子的寫作方式。重言也是寓言，莊子爲何要作此區分？寓言有那些方式？

一、寓言

〈寓言〉不見得莊子所作，但《南華經》中頗多寓言是事實，占十分之九。是不是有那麼多呢？什麼是寓言？可不可以視爲散文敘述的故事？譬如說俄國形式主義批評家什克洛夫斯基的《散文理論》[6]，不僅論述小說，也涉及戲劇、民間故事、神話、聖經。「藉外論之」這句話表達得很清楚，假借作者以外的來論述。不但是如此，「親父不爲其子媒」，親生父親不爲其子作媒人，也就是說作者不爲自己的作品作介紹人，讓作品與讀者聯姻。換句話說，作者雖寫下了寓言，作者不在這寓言中，而讓寓言自己呈現給讀者。莊子以寓言來論道，「親父譽之，不若非其父者」，自己稱讚自己論道論得多麼好，不如用寓言中的主人翁來稱讚。這樣論道的方式，「非吾罪也，人之罪也」，不是自己的過錯，是因爲眾人的過錯，大家喜歡聽故事。藉寓言來表達，「與己同則應，不與己同則反」，與自己意見相同就應和，不與自己相同就反對；「同於己則是之，異於己則非之」，與自己觀點相同就認爲對，與自己觀點有差別就認爲錯。簡言之，莊子避免「自己」直接陳述哲學理論，而藉寓言中的主人翁來陳述。

不過「藉外論之」的「外」不能輕易放過，因爲「外」是「作者以外」，作者可以幻化爲寓言裡的主人翁。而「論之」就是論道，是以道爲主題的談論。莊子除在〈逍遙遊〉中的大鵬怒飛，〈養生主〉的庖丁解牛等有較多的動作描寫以外，主要是藉助寓言中主人翁的對話，即使動作描寫也是以敘述的方式，可以說重點不在事件或情節，而在於主題。弗萊(Nothrop Frye, 1912-1991)亦曾說明：隨著我們的強調點從虛構移動到主題，我們可以說敘述結構(mythos)這個術語其意義逐步趨向於敘述而不再強調情節，當一部虛構作品爲表現主題而寫，或單從主題加以解釋時，它就成了一個比喻(parable)或解釋性的傳說(寓言故事)(fable)。所有正式的寓言(allegory)，都有一個正式的主題。」[7] 寓言是虛構的敘述結構，或者說散文體虛構故事，但重點不在於虛構的情節，而是爲了「解釋」或「表現」主題。寓言較傾向於「敘述」，並常運用比喻或傳說。

寓言裡的主人翁因爲藉對話來談論主題，就相當重要了。我們首先注意到動物寓言故事（beast fable），其中各類動物按照各自代表的人物類型語言、行動[8]。粗列一下：〈逍遙遊〉中的鯤、鵬、蜩（蟬）與學鳩（斑鳩），〈齊物論〉中莊周夢蝶的蝴蝶，〈齊物論〉中狙公養的狙（猴子），〈秋水〉中的夔（獨腳獸）、蚿（多腳蟲）、蛇，〈外物〉中的鮒魚、「神」龜。至於出現在《南華經》敘述中的動物名稱重複不錄：〈逍遙遊〉中的狸狌（黃鼠狼）、斄牛。〈齊物論〉中的鰌（泥鰍）、猨猴、麋鹿、蝍（蜈蚣）、鴟鴉（貓頭鷹和烏鴉）、胡蝶。〈養生主〉中的牛、澤雉。〈人間世〉中的鳳（即鵬）。〈天運〉中的龍、虎狼、白鶂（水鳥）、烏鵲、魚、細腰（蜂類、昆蟲）。〈秋水〉中的騏驥驊騮（駿馬）、鼠、蚤、鵷鶵（鳳類）、鯈魚（白魚），〈至樂〉中的蠐螬（蠍子）、腐蠸（螢火蟲）、鴝掇（未詳）、青寧（蟲）、程（豹）。〈山木〉中的雁、意怠（燕鳥）、鵲、螳螂。〈知北遊〉中的螻蟻。〈達生〉中的鬥雞、鼷（鼠）、鴳（雀）。〈徐無鬼〉中的狗、鼪鼬（野鼠）。〈則陽〉中的雞，〈外物〉中的鵜鶘[9]部分看來還是方言名稱。其中，鵬、鳳、鵷鶵同歸於鵬鳥系列，與鯤、斄牛、龍均屬於大物，郭象曰：「大物必自生於大處」[10]，均爲莊子的理想所寄托，其他多作爲敘述中的比喻。也有怪物，如夔，甚至〈達生〉中「水有罔象，丘有峷，山有夔，野有彷徨，澤有委蛇」，甚至雷霆、阿鮭蠪、（泆）陽均爲鬼怪了。如果廣義的動物是寓言中的主人翁，多以擬人化手法表現，因爲要像人物一樣對話；如果只出現在敘述中，就只是使用比喻。

也有植物寓言故事，較無動物的多樣性，也不再列舉。但在〈逍遙遊〉中的敘述中出現樗，〈人間世〉中櫟社樹及無名大樹均是「不材之木，無所可用，故能若是之壽。」也就因無用乃得享天年。特別的是社祀的櫟樹，居然還託夢給木匠，假木匠之口而告訴木匠的弟子：「彼亦直寄焉，以爲不知己者詬厲也。不爲社者，且幾有翦乎！」也就是說櫟樹是寄託於神社，使自己任那些不知道櫟樹眞正好處的人苛評，不做社樹，豈不早已受到砍伐了。櫟樹不但也是「大」樹，還可以託夢，以擬人化的方式說話，也談論無用之用乃是大用之道。無名的大樹更以不材，可比神人，即「嗟乎神人，以此不材。」

夢幻體創作的寓言，其中描寫敘述者昏昏入睡後所經歷的寓言化夢境[11]。比如剛才「櫟社見夢」一則也是。首先是〈齊物論〉「莊周夢蝶」，在夢中夢爲蝴蝶栩栩然飛起，這是「適志」，與莊子的志向相合。在夢的時候爲蝴蝶，醒的時候爲莊子，因爲夢中的適志，醒覺時身爲莊子的不適志，就「不知周之夢爲蝴蝶與，蝴蝶之夢爲周與？」雖然「周與蝴蝶，則必有分矣」，莊子與蝴蝶必然有分別，但這叫做「物化」。在夢中，莊子走出了自我，成爲輕盈的蝴蝶，甚至他脫離沉重的人類身分，故而「物化」即是人的走出自我，走出沉重的自我意識，物化必定是氣化，才能輕盈的飛翔。所以〈寓言〉中說寓言的「藉外論之」，「外」也是走出作者以外，走出自我意識，而夢是一條捷徑，是夢想的達成。「夢的成分只不過是他的自由：即改變語言和現實的自由；夢是文學的幻想[12]。」夢成爲物化的一條捷徑，夢是個體意識的消失。

夢既是個體意識的消失，故而櫟樹可以出現在夢中。「莊周夢蝶」是夢想的達成，「櫟社見夢」是夢中的啓示。櫟樹作爲大樹，無疑是「神木」，故可以託夢啓示。匠人以櫟樹爲不材之木，櫟樹在夢中啓示說，正因爲自己「求無可用」，才是自己的大用，才得以保全自己（「終其天年」）、櫟樹可以爲啓示，因爲櫟樹是大樹、是神木，而匠人只有在夢中離開日常生活物質利用的觀點，離開自我意識，才得到啓示。不但蝴蝶（昆蟲）、櫟樹（植物）可以見夢，神龜（兩棲類動物）也可以出現在夢中，而且以披頭散髮的人形出現，這是〈外物〉的「神龜見夢」一則。神龜以人形的姿態出現在宋元君的夢中，但帶來的不是啓示，而是自己被漁人捕獲的消息。宋元君一醒，教漁人獻龜，又令卜人占卜，決定「殺龜以卜吉」，鑽鑿龜甲七十二次，卜吉凶都非常靈驗。神龜的神知是以占卜七十二次都靈驗而顯示，卻以卜人認爲可以「殺龜以卜吉」而見殺，這則寓言就假智者孔子的口說：「知有所困，神有所不及也。」神龜的知以其能有占卜之用而困於占卜，神知卻不能避漁者之網而被殺的禍患。孔子評論：「去小知而大知明，去善而自善矣。」占卜是小知，去掉小知才有大知，去掉小能才有大能。不過宋元君的夢看來是虛晃一招，神龜既未啓示他，他醒來的決定也是利用神龜的卜吉能力。

〈至樂〉的「髑髏見夢」一則也是啓示的夢。莊子到楚國見到空髑髏，「髐然有形，撽以馬捶」，空枯仍有形狀，就用馬杖擊打它，連續幾問：「貪生失理」，你是因過分貪戀生命失去自己的本分而如此的嗎？「有亡國之事，斧鉞之誅」，你是因亡國的戰亂，受刀斧誅殺的嗎？「有不善之行，愧遺父母妻子之醜」，你是因有不好的行爲，羞愧地怕留給父母妻子醜名而自殺的呢？「有凍餒之患」，你是因害怕挨餓受凍而死的嗎？「春秋故及此乎」，還是你享盡了你的天年嗎？「沒有附帶任何紀念標誌的骨骸代表一種失落：身分的失落、時代的失落和家族的失落[13]。」換言之，莊子認爲髑髏代表的是一種失落感，但是在夢中，莊子與代表死亡的髑髏相遇，在夢裡與死亡對話。死亡超越了一切失落，「皆生人之累也」，這些失落都是活人的牽累痛苦。死亡既無君臣之間權力與服從的事情，也沒有人間四時的勞役，「以天地爲春秋」，隨順著天地自然的變化來代替了春秋的時間變化，是「南面王樂，不能過也」，再沒有權力的壓迫，帝王的快樂也不能超過死亡的快樂。莊子所紀念的各種人間的失落，希望「使司命復生子形，爲子骨肉肌膚，反子父母妻子閭里知識」，使掌管生命之神再給髑髏形體，重歸鄰里故舊，而髑髏認爲那只是「人間之勞」。無己、無功、無名是道家實踐工夫達到的境界，但是「無生」正是要人正視生命的有限性，死亡的不可避免，這也是天地自然的變化。在夢中脫去人間形骸之累，死亡帶來的啓示是空前的，人間的失落俱爲死亡所超脫，死亡是「空無的聖殿」（海德格語）。

人物寓言中的主人翁可依幾類特性來命名或稱呼：依民間職業，依形體殘缺部位，依觀念，依自然精靈。首先看〈逍遙遊〉中有接輿（接車駕的人），說了神人的故事。〈齊物論〉的中的狙公（養猴人）懂得運用猴子的喜怒。〈養生主〉中的庖丁（廚子）善於解牛之道。〈人間世〉的匠石（姓石的木匠）判櫟社樹爲不材之木。〈大宗師〉中「子祀子輿子犁子來四人相與語」，四人是得道之人，其中「祀」似爲主祭者，「輿」爲車夫，「犁」爲農夫，「來」爲迎賓者。「子桑户孟子反子琴張三人相與爲友」，三人爲得道之人，「桑户」似爲種桑人，「琴張」是張姓的彈琴人。〈應帝王〉的神巫，占卜「若神」。〈馬蹄〉的陶者。〈胠篋〉的盜跖，是大盜。〈天道〉的輪扁，是砍輪的老匠人。〈達生〉中的津人（船夫），祝宗人（祭官），梓慶（梓是管木匠的官名），工倕（工是巧匠）。〈知北遊〉之捶鉤者。在這裡有得道之人，也有善於技術操作的，有由技入道的可能性，至少是小成之道（道隱於小成〈齊物論〉）。另仍有此另取名字的職業人。

依形體殘缺部位來命名或稱呼的很特殊。〈齊物論〉中的齧缺（缺牙）是問道者。在〈應帝王〉中仍爲問道者，在〈天地〉中齧缺「聰明睿知，給數以敏」，不但聰明睿智，應付事務快速敏捷，但是「審乎禁過，而不知過之所由生」，能精察地禁絕過失，卻不知過失如何發生了。看來齧缺的取名，有點兒反諷意味。〈人間世〉的支離疏，形體支離。〈德充符〉中的兀者王駘，兀者申徒嘉，雖未以斷腳取名，但叔山無趾，闉跂支離無脤（拐腳、駝背、無脣）就以殘缺的部位命名。甚至惡人（醜人）哀駘它，也可以歸入殘缺之列。〈大宗師〉中子輿也是「曲僂發背，上有五管，頤隱於齊，肩高於頂，句贅指天」，駝背到背骨上露，五臟的脈管突起，面頰隱在肚臍下，髮髻上指著天空。這些形體怪異殘缺之人，或是因殘缺無用於人世而終其天年，但總是有過人的德行或得道之人。「斷肢或殘廢把肢解和儀式兩個主題結合在一起，常常是獲得非凡的智慧或者力量的代價[14]。」儀式的死亡與再生，就如同自然的循環一樣。肢解以經歷儀式的死亡，卻正是再生的契機。莊子以這些彷彿無用的殘缺之人，企圖翻轉的正是世俗的價值標準，甚至以醜的美學來翻轉美的美學，這企圖是很明顯的。

以觀念命名或稱呼的主人翁，在〈應帝王〉一下出現三對：日中始並未出現在對話中，他的話只是被轉述，另外兩對是天根對無名人，陽子對老聃。日中始、天根、陽子是未得道的，都偏向陽的那面，有的那面；而無名人正是偏向無的那面，是得道之人。而「壺子示相」的壺子，顯然是以密閉的容器深藏不露來命名。而「南海之帝爲儵，北海之帝爲忽，中央之帝爲渾沌。」何謂「儵」與「忽」？《楚辭》〈天問〉中：「雄虺九首，儵忽焉在？」王逸注爲電光，但洪興祖以爲不妥，應依〈招魂〉：「雄虺九首，往來儵忽。」而注爲「疾急貌」。總是像電光一樣疾急，總是屬陽，而渾沌正是陰陽沖氣之和，天地的渾沌之道。〈田子方〉的東郭順子，順子是隨順之道。伯昏無人既無人，即是無己。〈知北遊〉的知，在北遊時遇到無爲謂，是得道之人，又遇狂屈，是似得道之人。另光曜與無有也是將觀念擬人化，道家是晦暗的哲學。〈大宗師〉中副墨、洛誦、玄冥、參寥、疑始也很概念化。〈天地〉中的知、離朱、喫詬、象罔，〈讓王〉中的善卷也是。

以女人或女性氣質爲主人翁的，最明顯的是〈逍遙遊〉中的神人「肌膚若冰雪，綽約若處子。」冰雪般的肌膚，風姿綽約如少女。〈大宗師〉中的女偊「年長而色若孺子」，多少應該是婦人身分，年老而顏色若童子，女偊提出「朝徹、見獨」。女偊或也只是個得道之人，但以神人在莊子思想中的重要性，「若」處子雖不見得就是女性身分，但女性氣質在莊子思想中有其重要性。

自然精靈的部分，〈應帝王〉中「南海之帝、北海之帝、中央之帝」是自然精靈，〈秋水〉中河伯與北海若也是。〈在宥〉中雲將、鴻蒙也是。常以代表自然物的大小，即以大小做爲對比，來表示大者爲得道者或代表大道。〈秋水〉中的「蛇憐風，風憐目」也是把風擬人化，也算自然精靈。

二、重言

重言也是寓言，在寓言中占了十分之七。是運用、引重先輩的言論來停止爭論的。這部分與很多人物寓言中的部分有重疊，尤其是依民間職業分的那部分。不過在此，特將重言中的人物區分爲三類：哲學人物，神話及傳說歷史人物，及當時政治界人物。這裡區分的標準是人物能不能「經緯本末」，也就是有無得道爲標準，否則只是陳人，陳舊的人。

〈人間世〉中幾乎二分之一是孔子與顏淵的對話，運用道家義理來解釋人間的修養之道，並提出「心齋」，故儒家人物也與道家義理唱和。〈德充符〉中孔丘認兀者王駘行「不言之教」，而「丘將以爲師」；又對叔山無趾說「丘則陋矣」，被叔山無趾稱爲「天刑」之人。顯見莊子運用儒家人物來說道家義理，而視儒家義理畢竟在道家之下。〈人間世〉中孔子教顏淵「心齋」，〈大宗師〉中孔子詢問顏淵的修養進境，顏淵「忘仁義」、「忘禮樂」，孔子都認爲有所不足，直到顏淵「坐忘」，孔子就有所不知了。直到顏淵解釋完坐忘的道理。孔子就說：「果其賢乎！丘請從而後也。」心齋與坐忘，在道家本同一修養境界，孔子何一能了解一不能了解，可見儒家人物在寓言中只是引重來說道家義里。〈天地〉中孔子就請教老聃「聖人的標準」了，甚至〈天運〉中孔子的境界還需得到老聃的印可。老聃固在許多寓言中重複出現，成爲道家義理的代言人；惠施與莊子的對話中，惠施常常只是「引出」道家義理。〈秋水〉中，莊子與惠施同遊，〈至樂〉中惠施弔莊子妻喪，甚至〈徐无鬼〉中莊子過惠子墓而歎，多少見莊子與惠施同時，並有交情，但〈德充符〉中莊子說「天選子之形，子以堅白鳴。」是莊子對辯士的評論。列子經常出現，於大道總有一隔。無論如何，哲學人物是重言中出現最多的部分。而重言還可解釋爲諧擬式的重疊式抒寫。

〈逍遙遊〉中堯讓天下給許由，許由不受，許由是得道者。〈天地〉中「堯之師曰許由，許由之師曰齧缺，齧缺之師曰王倪」，齧缺仍非得道者，何況許由？可見重言中的人物地位也有昇降，重要的還是寓言的主題，且必須以〈內七篇〉爲準。〈天地〉中黃帝往見廣城子，廣城子若爲老子別號[15]，那麼老子也成爲古遠的神話傳說了。〈齊物論〉中瞿鵲子或長梧子就很難分辨是否傳說中人物，甚至可能是概念人物，因爲〈秋水〉中說鵷鶵(即鳳)「非梧桐不止」，梧桐是較「高貴」的，長梧子也以得道人的身分出現。至於政治人物多爲王公卿相，如〈德充符〉中魯哀公、衛靈公、齊桓公，這些人物或是加重寓言的社會現實感，也加重道家義理的分量。〈養生主〉中的文惠君還算頗具道根的，從「庖丁解牛」中悟得「養生」之旨。

巴赫金(Mikhail Bakhtin, 1895-1975)從民間文化中發現怪誕現實主義，認為其特點在於貶低化，亦即把一切崇高的、精神性的、理想的和抽象的東西轉到不可分割的物質和肉體的層次[16]，即大地(人世)和身體的層次。莊子也有他的怪誕現實主義，道家看來正是要瓦解儒家義理中精神的、理想的和抽象的東西，一方面藉由儒家代表人物孔子、顏淵、子貢之口，一方面藉由民間各種職業來說道論道，並把注意力轉向那些殘缺、扭曲、變形的身體，並使之成為道家的代言人。這樣道家就儼然成為民間文化的代表，甚至道家理想人物的「至人無己，神人無功，聖人無名」，也就是宛然隱沒在民間芸芸眾生中的匿名者了。那些殘缺、扭曲、變形的身體是多麼怵目驚心的形象，也宛若是對社會精神和理想的有力控訴，也像是代這些弱者平反、伸冤，另外如巴赫金終生致力對話主義，認為對話主義讚美異己性(otherness)，是一種雜語現象[17]，也就可以看出莊子在使民間人物登場時，各種身分職業，如走馬燈般不斷變換面貌，難道不是一種對異己性的讚美，是一種雜語現象嗎?其實不僅是人，是萬物在說話，動物界、植物界、整個大自然都參與了寓言中的對話，那些神話、歷史、傳說中的人物也粉墨登場，而每一段寓言各有同等的重要性，這也是「齊物」的道理了。

三、卮言

什麼是卮言呢？郭象注：「夫卮，滿則傾，空則仰之意，非持故也。」[18]卮是一種盛酒器，裝滿了酒就傾倒，空的時候就仰起，不是裝著舊酒。如果卮是盛酒器，卮言則是盛酒器盛的不是酒而是言語，那麼這種言語是沉醉的言語，言語像酒一樣，而且永遠是新酒。人的身體像這盛酒器，空著的時候像是虛靜的氣化狀態，一當沉醉的時候就滿溢出來。「非持故也」所以是「卮言日出」，永遠日新不已，總是新的見解與新的事物。人什麼時候會沉醉？只有到達感動的時刻，感動總是有所感，人經歷某些事件，在當下的情境中被某些現象迷醉，出神忘我，這些現象像酒一樣流注過他身體的盛酒器，產生一種全新的感受，在感動的時刻言語滿溢出來。「和以天倪」是用天倪來調和。爲什麼用天然的端倪來調和？爲防止人爲的主觀性，讓言語不是主觀的聲音，讓言語在萬物之中，在宇宙之中有較普遍的回響。「因以曼衍，所以窮年」，由此來隨意的演變，以此窮盡年歲。

在沉醉的狀態下出神忘我，很奇怪的，令我們想到尼采(Friedrich Nietzsche, 1855-1900)的戴奧尼索斯酒神藝術觀：「這醉狂世界也不注意個體的存在，甚至可能破壞個體，或是透過一種集體的神秘體驗而使他得到解脫。」[19]作家必然走出他的主觀性，酒神的狂熱狀態是達到「集體的神秘經驗」。卮言正是像酒神的狂熱狀態，而且〈寓言〉中所解釋的，也是關注於個體與集體的關係。

不言則齊，齊與言不齊，言與齊不齊也，故曰無言。言無言，終身言，未嘗不言；終身不言，未嘗不言。有自也而可，有自也而不可；有自也而然，有自也而不然。惡乎然？然於然。惡乎不然？不然於不然。惡乎可？可於可。惡乎不可，不可於不可。

不言語時則齊萬物，那是沉默的時候。齊萬物與言語不相平齊，是因爲言語與齊萬物不相平齊。萬物不等於言語，要齊萬物（與萬物平齊）只有保持沉默。言語也可以保持無言的狀態，終生言語，也未嘗沒有言語；這句是以作家的身分說話，那些言語總是存在的。老子是說：「終身言，未嘗言。」是針對日常閒談的立場。終生不言語，從道家實踐的修養來說，也未嘗沒有言語。有自己的主觀性，有時可以，有時就不可以；有時能認同，有時就不能認同。該可以的時候就可以，該不可以的時候就不可以。能認同的時候就認同，不能認同的時候就不能認同。這裡可以看出在個體的主觀性與集體的神秘經驗之間的糾葛，也就是說，雖然受到齊萬物的這種集體的神秘經驗感動，言語在沉醉的狀態滿溢，怎樣超脫個體的主觀性，在可以的時候可以，在能認同的時候認同？

物固有所然，物固有所可。無物不然，無物不可。非卮言日出，和以天倪，孰得其久？萬物皆種也，以不同形相禪。始卒若環，莫得其倫，是謂天均。天均者，天倪也。

萬物都有其能認同，也有其可以的。沒有什麼東西不能認同或不可以的。要承認萬物的共在，隨順萬物在時間中的變化，就只有靠沉醉的言語才能流傳久遠。寓言需要虛構，但目的則在主題，所以避免情節的開展，而使用對話作爲對比，來反襯出主題。莊子寓言的敘述性要儘其簡單，而注重萬物平等的對話，只有靠卮言的沉醉言語。萬物都是「種」也，什麼是種？〈至樂〉中「種有幾」，可以解釋爲「種子」，種子才有變化之機，以不同的形象變化遷流，開始和終結像一個圓環，找不到其中的理序。如果要避免荒謬的生物變形論，只有在卮言中才可能，那麼萬物是言語的種子，在卮言中流遷代謝，這樣就是自然均平的道理，而避免了人的主觀性。自然的均平也就是自然的端倪了。

卮言視萬物爲言語的種子，在變換中重新誕生，以不同的形象轉換，展開新的生命。而我們不可忽略萬物的喧囂聲，也正如戴奧尼索斯的酒神世界：「這個喧囂聲如何表現出整個暴亂的自然——快樂、憂傷、知識——甚至達到一種尖銳刺耳的程度。」[20] 這難道不也是莊子在〈齊物論〉中所企圖表現的「萬籟怒號」嗎？整個暴亂的自然一起湧現，帶著刺耳的喧囂聲。

卮言是詩，沉醉的言語已經不同於日常溝通、交流的言語，甚至是從日常溝通、交流的言語（一般意義的散文）斷裂之處，用言語思考言語的可能性（詩）。這時不僅是溝通、交流的訊息，而且文字本身吸引了我們的注意。「由於轉向他所謂語言文字的那一類事物，接觸它們，摸索它們，他便在其中發現它們本身所具有的些微光輝，以及與大地、天空、水和一切造物之間所特有的親切關係。」[21]文字本身帶有物質性，甚至文字就是物。文字與萬物有親切關係，文字不再視爲表象的符號，而是本身有物質性，使人和物有一種親密的連結。文字成了「身體思維」。文字的物質性是可以與外部現實相應的，但文字也是感官知覺的延伸。

文字的物質性，可以捕捉聲、光、色、影，但文字的物質性與外界的物質性，甚至詩人的感官經驗與外界的現實性，產生一種磨擦而耗損的狀態，詩人的欲望也流於不停息的追逐中。在此狀況下，詩人心醉神迷於色、聲、香、味、觸的感官世界，得到麻醉式的快感，也疲憊於感官的追逐中。但也可以在身體思維中，將各種聲、光、色、影的經驗凝聚爲深沉的體驗，在這種沉思型的存在體驗中，在企圖表現生活經驗的複雜性與多樣性之時，凝現出經驗的模式。面對生活樣相的複雜與多樣，詩人以生命沉思者的姿態出現。詩人在此企圖呈現知覺的模式，說明「如何去經驗」，也企圖以文字表達物質的動力韻律，呈現出「經驗到什麼」。〈應帝王〉中「體盡无窮，而游无朕。」在孤獨中沉思，必須重新估量生命的意義，剖視生活的變化面與荒謬面，廢棄習俗價值，並沉思生命的最大可能性。也就當驚訝與怖慄於道的動力韻律之時，詩人在沉醉的狀態中自我遺忘（喪我），隨順著道的動力韻律，產生萬物一體的情懷。

語言學家雅克愼（Roman Jakobson, 1896-1982）在隱喻與換喻之間作過許多區分。隱喻是符號替代另一個符號，根據相似原則，換喻是一個符號與另一個符號結合，根據鄰近原則。當我們說話或寫作時，我們從對等物的可能範圍中選擇符號，然後結合它們去形成一個句子。無論如何，在詩中發生的，是在結合字眼和選擇它們的過程中，注意到「對等」。我們將語意的，或韻律的或其他方式是對等的字眼串在一起[22]。可以看出詩是先選擇一個符號替代一個符號，然後將這個符號與其他符號組合爲句子。前者是隱喻，譬如說：大鵬可以替代偉大的理想，根據相似性；後者是換喻，譬如說：化而爲鳥，其名爲鵬，鵬之背，不知幾千里也。由鳥到鵬，到鵬之背，就組合成句子，根據的是物理的鄰近性。

北冥有魚，其名爲鯤，鯤之大，不知其幾千里也。化而爲鳥，其名爲鵬，鵬之背，不知其幾千里也。

這樣的並列也產生對等結構，不論是語意的、語法的韻律的結構，其至有對等的複沓句與疊句。如果在句子與句子中的隱喻，發現了隱隱約約的，在觀念上的對等關係，就可以確定主題意象。

莊子〈逍遙遊〉是內七篇首篇，他表達他的哲學思想，是運用風爲他的主題意象。在〈逍遙遊〉全篇中，「風之積也不厚，則其負大翼也無力」看似只是側面的說明，「而後乃今掊風」只是描述大鵬的行動。在另一個脈絡中，說「列子御風而行」，看來不太相關。然後到神人的「吸風飲露」，這種神話式的說明或描述，也難以凸顯出重要性。但若加上了「海運則將徙於南冥」，「野馬也，塵埃也，生物之以息相吹也」，「摶扶搖羊角而上者九萬里」，甚至到神人的「乘雲氣，御飛龍」，則這些形象化的描述，則使得〈逍遙遊〉一派天風海濤的景象。大鵬在風潮來時由北海遷移到南海。天地之間混沌的遊蕩之氣，像野馬競奔揚起塵埃，是生物的氣息彼此吹盪。拍擊著上行風，像螺旋狀的羊角風，一上飛就九萬里。這些莫不是形象化描述。莊子看似要隱去「風」，其實未必見得如此，「風有聲而無形。如果要用文字描寫……必然要化聽覺意象為視覺意象。」[23]那麼無論海運、野馬、扶搖、羊角都成了天風的替代意象，為了增加視覺上的效果，再加上大鵬本為風鳥，風作為主題意象，必然表達出莊子的主要思想。

四、結語

莊子的散文是運用散文來溝通、交流，目的是論道。而他採用散文虛構體裁的寓言故事，堅持對話主義。寓言有時採取事件的並列，有時寓言再套寓言，增加了複雜性，但還是以散文敘述。但散文的藝術性不足，他在使用文字的技巧上，特別注重言語的詩化。即卮言。〈天下〉篇中：

> 以謬悠之說，荒唐之言，無端崖之辭，時恣縱而不儻，不以觭見之也。以天下為沉濁，不可與莊語，以卮言為曼衍，以重言為眞，以寓言為廣。

虛遠之說，荒唐之言，無邊際的文辭，常放任而不偏私，不局限於一邊之見。當天下沉濁黑暗，不能用莊重的言語來對話，就用卮言這種沉醉的言語來連綿變化，重言借用先賢的言語可產生眞實感，寓言有所寄託可引起廣泛的興趣。莊子的散文在運用文字上是卮言，在形式上是寓言。

其辭雖瓌瑋而連犿無傷也，其辭雖參差而諔詭可觀。

採用瑰異的詩化言語，就不直接指示實事爲對象，所以宛轉也不傷害人，採用虛實不一的寓言對話，也是滑稽可看的。不傷害人，因爲寫詩是「最無邪的工作，在想像的國度中，逃避決斷的嚴肅性」[24]；滑稽可看，因爲一切既怪誕又現實，萬物都參與了對話，無論神話人物、聖君賢相、聖人學者、王公卿相、民間百工，乃至醜者、殘缺者、大盜，甚至植物、動物、自然精靈全都出現在這劇場上。

〈內七篇〉中，〈逍遙遊〉開章明義提出氣化之道，是莊子哲學的總綱，並提出「至人無己」、「神人無功」、「聖人無名」的三種型態。「聖人無名」以許由向堯提出儒家聖人所不能勝過的名實問題，名聲即爲社會機制，否定名聲也就否定自己對社會有任何實用的價值。可以說「無名」故無所作爲，也就是「無爲」。「神人無功」則進一步提出「無爲」是離開人爲造作的實用態度，也就對人間社會沒有功勞，也就是說「無爲」故「無功」。要逍遙自在地遊戲，要無待於外在的條件，無待故逍遙。要達到無待，要自我虛化，自我氣化，虛化才能凝神，而氣動風行。至於實踐工夫，則跨篇至〈齊物論〉始提出「至人無己」，以「無己」作爲「無名」、「無功」的實踐工夫，而以南郭子綦的「吾喪我」來解釋。

注釋

1 沙特，《沙特文學論》，劉大悲譯（台北：志文，一九八〇），頁四三。
2 王弼，〈周易略例〉，見《易經集註》（台北：龍泉）。
3 亞爾培・威廉・李維，《哲學與現代世界》，譚振球譯（台北：志文，一九七八），頁六〇七。
4 吹風即表「意特未定也」。見趙衛民，《莊子的道》（台北：文史哲，一九九七），頁一三六。
5 同注1。
6 維・什克洛夫斯基，《散文理論》，劉宗次譯（江西：百花洲文藝，一九九四）。
7 諾斯羅普・弗萊，《批評的剖析》，陳慧等譯（天津：百花文藝，一九九八），頁三六，術語略作修正。
8 M. H. 艾布拉姆斯，《歐美文學術語辭典》，朱金鵬、朱荔譯（北京：北京大學，一九九〇），頁八。
9 物的名稱多根據黃錦鋐，《新譯莊子讀本》（台北：三民，一九七四）。
10 郭慶藩輯，《莊子集釋》（台北：河洛，一九七四），頁四。
11 M. H. 艾布拉姆斯，《歐美文學術語辭典》，朱金鵬、朱荔譯（北京：北京大學，一九九〇），頁九。
12 伊哈布・哈山，《後現代的轉向》，劉象愚譯（台北：時報，一九九四），頁九。
13 宇文所安，《追憶》，鄭學勤譯（台北：聯經，二〇〇六）。

14 諾斯羅普・弗萊，《批評的剖析》，陳慧等譯（天津：百花文藝，一九九八），頁二三四。
15 同注9，頁一四八。
16 《巴赫金文論選》，佟景韓譯（北京：中國社會科學院，一九九六），頁一一八。
17 卡特林娜・克拉克、邁克爾・霍奎斯特，《米哈伊爾・巴赫金》，語冰譯（北京：中國人民大學，二〇〇〇），頁九一—九二。
18 同注10，頁九四七。
19 尼采，《悲劇的誕生》，劉崎譯（台北：志文，一九八三），頁三九。
20 同注19，頁三五。
21 同注1，頁三四。
22 中譯可參看特里・伊格爾頓，《文學理論導讀》，吳新發譯（台北：書林，一九九三），頁一三六。
23 趙滋蕃，《文學原理》（台北：東大，一九八八），頁一五六。
24 馬丁・海德格，〈賀德齡與詩之本質〉，蔡美麗譯，收入鄭樹森編，《現象學與文學批評》（台北：東大，一九八四），頁一一。

第二章

氣化之道——釋〈逍遙遊〉

逍遙，按照一般的字義，不過是優游自得；遊者遊戲也。按照一般的字面義，優游自得的遊戲，何以放置在〈內七篇〉之首？如果就當代學界的討論，把道家放置在存有學的範圍來討論[1]，首先面對的問題是存有是什麼？換言之，道是什麼？

如果第一篇就提問且回答道是什麼的問題，是不是可能呢？又如何回答呢？《老子》（第一章）就是這樣提問且回答的，老子企圖直指道，且提出回答：「道可道，非常道，名可名，非常名。無，名天地之始；有，名萬物之母。」除了提出道與名言的關係，無、有就是回答道是什麼，當然也提出無、有與天地萬物的關係。同樣的，〈逍遙遊〉可不可能是莊子的提問與作答？又是什麼樣的方式呢？

一、風的哲學

一開始，莊子就說：「北冥有魚，其名爲鯤。」至北冥極之地，以今言之，可說是北極海（非實指）。不過「鯤之大，不知其幾千里也。」就有指出鯤不過是小魚、魚子或魚卵[2]，如今反作大魚之名，好像莊子故意要以小爲大，這樣可以衝破二元概念的對偶性，這樣極小亦可爲至大，或至少可以模糊小、大的差異。這當然是一勝解。但「化而爲鳥，其名爲鵬。」就講大魚的變化爲大鳥，「是鳥也，海運則將徙於南冥。」好像是說，就因爲這隻鳥，海潮或即說風潮將遷徙到南極海去了。既然鯤是小、大莫辨，這樣相對來說，鵬是相對爲大的了，至少鵬沒有小鳥的意思。

當然我們知道無論北極海、南極海都不是實指的意思，否則鯤鵬的大「不知其幾千里也」豈不是數、百千倍於今日電影中的「酷斯拉」？如果鵬之相對爲大，這又是什麼意思呢？鯤的「變化」爲鵬，風潮或海潮由北極海「遷徙」到南極海這樣的轉變，意味著什麼呢？這裡可以追究一下鵬這個字。《說文解字》上說：「鵬就是古文鳳字」，而且「鳳飛，群鳥從，以萬數。」看來，鵬或鳳就是鳥中之王。不僅如此，又說：「鳳，神鳥也……翱翔四海之外，莫（同暮）宿風穴，見則天下大安寧。」[3]那麼鵬不僅是神鳥，也是吉祥之鳥，而牠根本翱翔於人間之外的，一旦「出現」，天下大大安寧。但傍晚時，牠棲息在「風穴」中，「風穴」豈不是風的來源嗎？鵬棲息於風的源頭。

《禽經》上說：「鳳禽，鳶類，越人謂之風伯，飛翔，則天大風。」[4]鵬、鳳就是風鳥，不是憑風而飛，而是一飛就起大風。這樣，事件變得有趣了，原先北極海的海潮，是因爲「鯤之大，不知其幾千里也」，現在海潮遷徒到南極海，卻是因爲風鳥的「翼若垂大之雲」，而「水擊三千里」。海潮或風潮也是所謂氣動風起之時。鯤所掀起的海潮是涵泳於水，鵬所掀起的海潮是氣動風起。由鯤到鵬的變化，海潮由北極海到南極海的遷徒，是由水轉到了風。

由水轉到了風，說明的是道的流變[5]。老子的道是水的哲學，莊子的道是風的哲學。老子《道德經》（第八章）：「上善若水，水善利萬物而不爭。」《道德經》（第六十六章）「江海而能爲百谷王者，以其善下之。」正以說明柔弱之道。水在老子是個顯題，其中風尚是個隱題。《道德經》（第五章）「天地之間，其猶橐籥乎；虛而不屈，動而愈出。」形容天地之間像個風箱，空虛而不屈折，動蕩則生風不已。「天地相合，以降甘露。」（第三十二章）重點在甘露，即甜美的露水。其實天地相合，不是天「氣」與地「氣」的相合嗎？風不是那麼明顯。但在莊子，水是道家的總背景，而風是個顯題，正以說明虛無之道。老子是無、有雙彰，所以尚水，至於莊子則獨鍾於無，所以尚風。如果鯤有小魚、魚子、魚卵義，那麼是不是他認爲老子的哲學是大也是小呢？作爲老子哲學的承繼者，莊子能否有權如此「侮辱本尊」？答案很簡單，哲學家總要有所創造，在對老子的「重複」中，因對道的理解不同，而有了差異。他有新的體會、理解，這是哲學上的新風潮，新轉向。

莊子爲什麼是風的哲學呢？風與道是以什麼樣的方式關聯？在說完鯤化爲鵬的神話後，「齊諧者，志怪者也。」他說這神話，是齊國的笑話，記載的是怪異之事。這顯然與老子的表述方法不同，老子（第一章）說有說無，是分解的表述，是「哲學」語言。莊子的神話敘事，如鯤、鵬的「大不知其幾千里也」或「水擊三千里」則富於形象化，且富於動態的描寫，是鯤系列到鵬系列的轉換。鯤系列相對簡單，重心則移轉到鵬系列。如果把神話敘事視作崇高修辭，這崇高修辭隨即被幽默解體，「志怪」表示鯤、鵬神話乃是虛構。這是莊子寫作的寓言型態。莊子隨即以「齊諧」來加強鵬系列。除了重複前面所說者外，又說鵬「摶扶搖而上者九萬里，去以六月息者也。」「扶搖」歷來的解釋是旋風、上行風、羊角風[6]，現在看來是龍捲風。鵬一鼓翼，就形成龍捲風，上飛九萬里，一飛就是六月氣動風起之時[7]，不過，看來比較像飛了六個月才停息。本文雖無風字，又是風，且是龍捲風，它所帶出的狀態，是「野馬也，塵埃也，生物之以息相吹也。」「野馬」無論說是，游氣、陽氣發動、天地閒氣[8]，總不是實指野馬，而是野馬奔馳的狀態，並掀起了塵埃，這種「氣化的渾沌」，是萬物的呼息彼此吹盪。

鵬是風鳥，風的源頭，代表的是萬物氣化的渾沌。但大鵬鳥是不是要依待風之積呢？「風之積也不厚，則其負大翼也無力。」風之積顯然是一種條件的轉換，因爲風鳥既是風的源頭，必不需「風之積」作依待條件，因爲鵬一飛「九萬里，則風斯在下矣。」換言之，鵬要能飛九萬里，就要能先擊風（培風）[9]。

這裡出現了另一個轉換，蜩與學鳩（也就是蟬與斑鳩）笑大鵬說：「我突然飛起，突然停到榆樹枋樹上頭，我飛行的時間只是不至於投落在地上而已，何必向南飛九萬里呢？」顯然蜩與學鳩是作爲大鵬的對比而被駁斥，是大鵬和小蟲的對比，「之二蟲又何知」。大鵬鳥不止是「三月聚糧」，「三月聚糧」好像是成爲大鵬鳥的條件，不是眼前可以滿足的條件，而是有意圖要實現，「而後今乃圖南」。

由鯤到鵬，鵬到蜩與斑鳩，是兩個層次的轉換，都構成否定關係。法國文學理論家托多羅夫(Tzvetan Todorov, 1939-)認爲在情節的轉換功能中，A變成非A，在某種程度上是轉換的範例[10]。從鯤到鵬是不確定的否定轉換，因鯤或大或小，而鵬是大；從鵬到蜩、斑鳩是確定的否定轉換，鵬是大，對比之下，蜩和斑鳩是「小」到了成「蟲」。托多羅夫曾說明兩種敘事結構的對立，是相對於兩種轉換。如果在事件的接續上和意圖轉換組合，意圖轉換就是由計畫到實行，也就是由意圖到實施意圖轉化，那麼叫做神話型結構。如果在事件的接續上和主觀化轉換組合，所謂主觀化轉換也就是事件的重要性不及我們對事件的感知，不及我們對事件的認識，叫做認識型結構[11]。我們可以說鵬的意圖是經過數月聚糧(當然是比喻)，才「今乃圖南」，這是神話型結構。蜩和斑鳩對大鵬的認識叫認識型結構，而且是以俗見爲認識的基礎，那是沒有眞知的，「之二蟲又何知」。鯤、鵬、蜩與斑鳩可以說是三個不同的事件系列，彼此有關，但彼此在事件的轉換中，是以否定的轉換爲基礎，這或即構成莊子寓言寫作隨說隨掃的筆路。寓言結束，莊子開始對人的評論。

二、聖人無名

以斑鳩與蟬的俗見爲認識基礎，也就是「知效一官，行比一鄉，德合一君，而徵一國者，其自視也亦若此矣。」認知可以效法一個政務官，行爲比配得上一鄉的最高標準，德性合於國君的要求，而得到一國的信任，就像蟬與斑鳩一樣的自視。再進一層，是宋榮子「舉世而譽之而不加勸，舉世而非之而不加沮」，全社會對他稱譽他也不得意，整個社會對他非議他也不增加任何沮喪。因爲「定乎內外之分，辯乎榮辱之境」，他能確定內外的分際，分辨光榮與羞辱的境界。以俗見來說，德行是與聲名一致的，對宋榮子來說，德行與聲名不一致。他能超脫對聲名的追求，所以「彼於其世未數數然也」，他對世間的美名沒有汲汲去追求。他認爲眞正的德行，所帶來的眞正的光榮，是超過人世間的稱譽與非議的。前者是內，後者是外。以法國哲學家柯耶夫(Alexandre Kojéve, 1902-1968)來說，人類實在只能是社會的，群眾每一份子的欲望必然指向(或潛能地指向)其他份子的欲望，去欲望我存在我表現的價值是由他人所欲望的價值，我想要他去「承認」我的價值爲他的價值[12]。但是柯耶夫又說：所有行動皆是否定，不是讓既定者成爲既定者，行動摧毀了它。行動摧毀了客觀的實在，創造了主觀的實在[13]。這樣，我們就清楚，我們想要別人「承認」自己的存在價值，德行必然合乎社會的最高標準，德行與聲名必然一致。但是人的欲望既然可能「潛能地指向」他人的欲望，而且否定既定的現實，那麼當然地，當人實踐眞正的德行時，也可能不計毀譽，護持人眞正的尊嚴，尋求人格的眞正實現，但在這樣做的同時，他仍然潛能地指向別人的承認的。孔子「不患人之不己知，患不知人也」，就是不憂慮別人不認識(承認)自己存在的價值，而要先認識(承認)別人存在的價值。孔子也說：「君子疾沒世名而名不稱焉」，卻在死時蓋棺論定，希望別人承認與他德行相稱的美名。德行與聲名不一致，仍然是潛能地指向由他人承認自己存在的價值。

列子有所不同，他可以「御風而行」，乘風而行，而且「旬有五日而後反」，一飛就飛十五天。不過看來不是「數月聚糧」，所以「雖免乎行」，也就是免於在地上行走，「猶有所待」，他仍有依待、依靠的條件。依靠什麼條件呢？就是風。「乘風而行」是形象化地表達了超越了人間社會由別人承認自己存在的價值，但有待於風，風仍是外在的條件，列子只是偶然地做到，等到風消失了，他仍然回歸人間社會。「彼於致福者，未數數然者」，也就是列子並未眞正追求幸福。那麼幸福是無待的，風不是外在依待的條件。莊子在這裡並未談風，但幸福是「以游無窮」，在無窮盡的宇宙遊戲。怎麼樣才能「無待」呢？莊子提出「至人無己，神人無功，聖人無名。」達到極至的人沒有自我，神一樣的人對人間社會沒有功勞，聖人沒有任何名聲。

如果比配著前面寓言的大鵬，至人、神人、聖人都是大鵬的境界。那麼要達到逍遙無待的幸福，是要經過數月聚糧，也就是由意圖到意圖的實現，並不能等待外來的、偶然的，而是要經過否定一層層既定的實在，並否定外來的、偶然的，直到否定了自我(意識)、否定了對人間社會的功勞，否定了任何名聲。這三者如何可能呢？

堯想把天下（也就是人間社會）讓給許由來治理，甚至相信許由的賢能好比日月，自己的如同燭火，「日月出矣而爝火不息」。許由則認為堯將天下治理得已經很好了，而還要請許由來代替他去治理，難道自己是為了名聲才去那麼做嗎；聲名不過是外在的事物，人的真實才重要，「名者，實之賓也」，這裡就是聖人無名，要否定名聲，名聲是超出自己實在的外來東西。而要否定名聲，首先要自己對人間社會沒有任何實用的價值，「予無所用天下為」。看來對人間社會有實用的價值就會贏得稱頌的美名，因為要人承認自己的存在價值，只要有實用的價值就會為社會所承認。

三、有用與無用

莊子展開對人間社會有用無用的辯論。宋國商人到越國去賣禮帽（「資章甫」）但越國人剃光頭髮、身上刺著花紋（「斷髮紋身」），禮帽是沒有用的。也就是在一個社會中有用的，到另一個社會可能是無用的，有用無用是社會上約定俗成的。名家惠施對莊子說，魏王送他大葫蘆的種子，結實後這大葫蘆有五石重，如此堅硬厚重，自己無法舉起來去盛水漿，剖開後又沒有那麼大的水缸容納得下它。問莊子怎麼辦？莊子另舉了一個故事來說明，故事中套了另一個故事。宋國人有做漂打絲絮的職業的。（「洴澼絖」），善製冬天使手不會凍裂的藥（「不龜手之藥」），生活相當艱苦。有個客人出了天價來購買秘方，當吳越戰爭時，他說服吳王請他任大將軍，在冬天時與越國人水戰，結果大敗越國。吳王封地來獎賞他。同樣的東西，在不同的地方，是有不同用途的。莊子就說，你有五石大的大葫蘆，爲什麼不把它繫在腰上成爲腰舟，浮游在江湖上呢？在社會的實用價值上無用，正可以爲逍遙之用。無用才得以逍遙。

惠施又告訴莊子說：「我有一棵大樹樹幹臃腫不符合工匠的繩墨，小的樹枝蜷曲也不符合工匠的工具。你說的話就像這棵無用的大樹，連工匠都不感興趣一樣，也是大而無用的。」莊子回答說：野貓、黃鼠狼把身子放低而埋伏，東跳西跳，不避高低，能力多麼高強，結果陷入捕獸器，或死在網羅之下。犛牛那麼大，「大若垂天之雲」，看來這犛牛的大，與大鵬的大是等級相同的，是眞正的大，莊子說：你用這麼大的犛牛來作捕鼠的小用途，牠當然是無用的了。無用之用，乃爲大用，即是逍遙之用。像野貓、黃鼠狼能力那麼高強，最後不是死於人爲架設的機關嗎？看來是比喻有社會實用的價值，就不免死於人爲的機關網羅中了。莊子說，你有一棵大樹怕它無用，你就把它種在「無何有之鄉」吧！「無何有之鄉」就是非人間的「四海之外」，或者說夢土吧！莊子繼續說，這樣你就可以無所作爲（「無爲」）地徘徊樹邊，逍遙地睡在樹下。大樹也正是因爲它無用，而沒有被斧頭砍伐啊！無用故無爲，沒有社會的實用價值，故也無所作爲，這理路也很清楚，正如許由的「予無所用天下爲」。莊子是透過無用，來彰顯無爲的道理。

德國哲學家海德格(Martin Heidegger, 1889-1976)也認爲：公眾世界是包含在工作的意義中和其可用性中，世界的世界性是奠基在特殊的工作—世界。這也就是說我們在俗見和日常之見中，對事物的看法是在其有用性中，這是因爲我們日常總是在工作中，對世界的看法亦由工作決定，所以世界的世界性是由工作—世界作爲依據。海德格認爲脫離這樣的工具—世界是有一契機的。也就是當某些及手物（工具）不見了，在愼慮所發現的參照脈絡造成一斷裂，環境可以嶄新地告示自己[14]。可以說這種斷裂是離開日常的工作態度，當工具無法使用的無用，卻正好是使人離開工作的愼慮態度的契機，也離開愼慮的參照脈絡，這時能以一全新的眼光審視環境。甚至可以說，這種斷裂也正是一種解放的契機。海德格認爲解放的見……它涉及跳過和跳離我們關心的最近的世界，日常工作世界，作爲自由—流動的見[15]。這種「自由—流動的見」，也就是不以實用的態度來愼慮事物，對事物無所作爲，而對事物有一全新的眼光。也可以說這時從人間、社會的實用態度離開，而朝向世界的遊戲態度。也正是「予無所用天下爲」。

依前所述，要達到無待，莊子提出「至人無己，神人無功，聖人無名」。要達到無名，又必須以無用及無爲作爲條件。何謂「神人無功」呢？

四、神人無功

莊子心目中的神人，是「藐姑射之山，有神人居焉，肌膚若冰雪，綽約若處子。不食五穀，吸風飲露，乘雲氣，御飛龍，而遊乎四海之外。其神凝，使物不疵厲而年穀熟。」遙遠的姑射山，總之不在四海之內，不是天下，不是人間社會，肌膚像冰雪一樣白皙，文靜美好像處女一樣，他連五穀雜糧也不吃，只是呼吸清風汲飲露水。乘雲氣，也是氣動風行，駕御飛龍，龍原本是神秘莫測。重要的，道家哲學實近女性哲學，老子是母親哲學，所謂「吾有三寶」，第一寶就是「慈」，像母親一樣慈祥，而莊子是少女哲學，完全遠離紅塵有如獨處深閨的少女。他的精神能凝定專一，就是離開日常愼慮的參照脈絡，超乎實用的態度。在這樣的凝定專一中，使農作不受病蟲害，年年穀物自然成熟。這樣的「使」如何可能？這牽涉到道家的基本態度，在老子《道德經》（第三十七章）：「道常無爲而無不爲　侯王若能守之，萬物將自化。」也就是在一種無爲的態度中，萬物會自己變化。跳過實用的態度，也正是無爲的態度，穀物會「自然」成熟。所以「神人無功」是一種離開人爲造作的實用態度，既是無爲的，對人間社會就沒有功勞，即「孰弊弊焉以天下爲事」，何必那麼辛勞地爲人間社會做事呢！無怪乎莊子說堯治理天下時，四海之內政治清平，後到遙遠的姑射之山拜見四位得道之人，「窅然喪其天下焉」，深遠地遺忘了天下。藐姑射山的藐，一般均說爲遙遠之義，遙遠說的不過是與日常人間的距離，跳過日常實用態度的距離，就是遙遠，別有天地非人間。老子《道德經》（第二十五章）：「吾不知其名，字之曰道，強爲之名曰大。大曰逝，逝曰遠，遠曰反。」可以看出老子心目中的道正包容萬物的廣大之道，莊子是以大鯤、大鵬的「大物」形象來比喻廣大，同樣這廣大之道也是遙遠之道。

莊子所謂的神人是「之人也，物莫之傷，大浸稽天而不溺，大旱金石流土山焦而不熱」，這樣的人，萬物不能傷害他，大洪水滔天也不會淹死，大旱災金石流動土山焦焚也不會灼傷。這種神人，老子已有說明。《道德經》（第五十五章）：「毒蟲不螫，猛獸不據，攫鳥不搏。」毒蛇不咬他，猛獸不傷他，鷹隼不抓他。莊子的神人是更爲誇張的表達。聖人無名的「予無所用天下爲」，和神人無功的「孰弊弊焉以天下爲事」看來並無什麼不同，在神人無功所凸顯的是一段神話敘事。如果把「吸風飲露」中的「吸風」，「乘雲氣，御飛龍」的「乘雲氣」提出來，和列子御風而行的「猶有所待」相比較，我們就知道「吸風」能在呼息中自我氣化，才能夠「其神凝」。自我氣化亦即虛化，虛化才能凝神，氣動則風行，神人才能如風神綽約的處子。再推一層，即便是神話般的「吸風飲露」亦無不可，《呂氏春秋》（音律）：「天地之氣，合而生風。」老子《道德經》（第三十二章）：「天地相合，以降甘露。」甘露也是天地之氣的相合，故風、露不是如「乘天地之正，而御六氣之辯」了。神人能乘天地的正氣，而統治陰、陽、風、雨、晦、明的六氣的變化了。

五、氣化之道

〈逍遙遊〉如果提出道是什麼的問題，莊子是以風的意象回答。王夫之說：「逍者，嚮於消也，過而忘也。遙者，引而遠也，不局於心知之靈也。」簡單說，逍就是消解、忘掉，遙就是遙遠，只是消解、忘掉日常工作的愼慮態度，才可以遙遠，以自由流動的眼光，朝向世界的遊戲態度。而據許愼《說文解字》說：游的原意是旌旗在風中飛舞，簡言之，風旗，像風旗一般的自由遊戲。風就是道，當我們用風的意象來回答這個問題時，是不是能用意象來表達道呢？法國思想家巴什拉(Gaston Bachelard, 1884-1962)認爲：意象可以上溯到語言和形象思惟的起源，同時有表達凝聚於事物內部的情感世界，通過意象，作者把自己的影子投進物質之中[16]。換言之，我們透過風這個意象來思惟，甚至是他如何把自己的情感凝聚到風的意象當中。在風的連鎖意象中，不僅是海運、扶搖、羊角是風的換喻，我們還可以看看這幾個句子的相關性：

> 鵬……怒而飛，其翼若垂天之雲。
>
> 野馬也，塵埃也，生物之以息相吹也。
>
> 天之蒼蒼，其正色邪？其遠而無所至極邪？
>
> 而後乃今培風，背負青大而莫之夭閼者。
>
> 列子御風而行，泠然善也，旬有五日而後反。
>
> 吸風飲露，乘雲氣，御飛龍，而游乎四海之外。

怒而飛，是振翅而飛；培風，是以翅拍打成風。除了列子一句外，餘句皆表現風——雲——氣

——息的相關意象，而以風的意象爲旋轉軸。風的意象所表現的「氣化的混沌」，是野馬也，塵埃也，萬物的呼息彼此吹盪。這就是天之蒼蒼的正色，也正是。遠而無所至極的「遙遠」之意，故而神人的吸風飲露，甚至乘雲氣，御飛龍所表達的，正是達到這種「氣化的混沌」境界，氣化的混沌是在四海之外的，人能達到氣化的混沌，才能逍遙的遊戲。

道是什麼，莊子運用風的意象來表明是氣化的混沌。風不是物質實體，而是氣化的混沌，氣化的混沌是來自於萬物的呼息彼此吹盪，這是天地的「正色」，也使至人、眞人、神人得以「乘天地之正，御六氣之辯」。法國思想家弗朗索瓦·于連(Francois Julien, 1951-)沈思著風的意象：風不可觸摸，它能深入到所有地方：它瀰漫在我們周圍，迂迴穿行直到事物的內部[17]。風的深入，正因它不是物質的實體，它如何深入，循虛而入，它迂迴穿行，當然也是循虛而入，循虛直到也是虛的事物內部，故事物內部亦不是物質的實體，而只是虛。所以，以人來說，自我氣化才能虛化，虛化才能凝神，「神」只是人的氣化，只有人能達到氣化才能成爲神人。即虛生氣，即氣化神，是莊子哲學的總綱。

風的意象隱喻著道，風就是氣化，只有氣化才能神凝。氣化，亦即無化，虛化，只有氣化與神凝，才能達到神人的境界。莊子所提出的正是氣化之道。老子《道德經》(第十章)：「專氣致柔，能嬰兒乎?」氣是指柔弱之氣，此柔體之氣偏無，是爲了調和有的剛強之氣。(第四十二章)：「萬物負陰而抱陽，沖氣以爲和。」氣是陰、陽兩端或無、有兩端的沖和，是沖和之氣。但對莊子，是有的無化，是使萬物形跡不復能辨認的混沌（「野馬也，塵埃也。」），是逍遙於人間以外的遙遠之道。老子雖亦講遙遠之道，但也重人間性；莊子的至人、眞人、神人看來不重視人間性，是虛無之道。（莊子的人間性只能是小成之道，也就是技藝之道。）老子仍以天下爲己任，莊子則游於四海之外了。

至人無己，似還不是〈逍遙遊〉的論述範圍。神人無功和聖人無名，莊子都是以「天下」和「四海之外」的對遮，來顯明無功與無名，都是以無用和無爲爲依據，才達到逍遙無待的。至人無己，才能顯出道家實踐的眞正實踐工夫入路。莊子運用跨篇的方式，在〈齊物論〉的開始，作爲〈齊物論〉的依據，也是很恰當的。

注釋

1　詳見趙衛民，《莊子的道》（台北：文史哲，一九九七），頁五五—五八。

2　郭慶藩輯，《莊子集釋》（台北：河洛，一九七四），頁三。

3　段玉裁，《說文解字注》（台北：蘭台，一九七四），頁一五〇。

4　引自何新，《諸神的起源》（台北：木鐸，一九八七），頁九二。

5　江瑔說：「老莊不同道，古之學者亦已知之。」本文試圖就道的內容提出總看法。參見江瑔，《讀子卮言》（台北：成偉，一九七五），頁九七。

6　同注2，頁五。

7 陳壽昌輯，《南華真經正義》（台北：新天地，一九七七），頁二。

8 同注2，頁六。

9 黃錦鋐認為培當為掊的假借字，見黃錦鋐，《新譯莊子讀本》（台北：三民，一九八九），頁五五。

10 托多羅夫，《巴赫金、對話理論及其他》，蔣子華、張萍譯（天津：百花文藝，二〇〇一），頁五四。

11 同上，頁四六。

12 Alexandre Kojére, *Introduction to the Reading of Hegel*, trans. by James H. Nichols（USA: Cornell univ., 1980）, p. 5.

13 Ibid., p. 4.

14 Martin Heidegger, *Being and Time*, trans. by John Macquarrie and Edward Robinson（New York: Harper & Row, 1962）, p. 105.

15 Martin Heidegger, *History of the Concept of Time*, trans. By The odore Kisiel（USA: Indiana Univ., 1985）, p. 276.

16 讓・伊夫塔迪，《20世紀的文學批評》，史忠義譯（天津：百花文藝，一九九八），頁一一九。

17 弗朗索瓦・于連，《迂迴與進入》，杜小真譯（北京：三聯，一九九八），頁五六。

第三章

忘我與物化

——釋〈齊物論〉

莊子〈齊物論〉是他語言哲學的展現。道與語言的關係爲如何呢?莊子一方面延續〈逍遙遊〉未竟之意,即有關「至人無己」的回答,提出「忘我」,而以人籟、地籟、天籟三層次展現,以渾沌的噪音來表現人應去除自我意識。次則由「齊物」來破除「眞君」、「眞宰」。簡單地說,眞宰是機心,就是沒有眞宰;眞君是成心,就是不應有成心。先論「齊物」,以下再平齊「物論」。

莊子以彼是立場的相非,由自我意識與他者形成二元對立,莊子以洞見與不見的問題套入是非問題,而取消對立,成爲動力過程,以空虛來圓應無窮。又以名實問題破除人爲中心、自我概念,再進一步展現語言的層級,如「論」、「議」、「辯」。最後以「夢」與「物化」展現主體的解構。

〈逍遙遊〉中曾說：「至人無己，神人無功，聖人無名。」以「堯讓天下於許由」一段說明「聖人無名」，以「藐姑射之山，有神人居焉」一段說明「神人無功」，唯獨沒有說明「至人無己」，而以跨篇的方式在〈齊物論〉中說明。

如果說在〈齊物論〉中「聖人無名」較重於名實對比的問題，「神人無功」是文學式地描述如何跳過人間的實用態度，這也較符合〈逍遙遊〉以恣縱的想像，靈動的筆勢開篇的方式。而如果至人、神人、聖人只是同一境界的三種面相，那麼「逍遙遊」與「齊物」其義一也。而在此篇如何達到至人，就提出了經由「齊物」的工夫入路，而且「論說」的意味更重，也就是提出了理論說明。當然傳統上就有「齊物」連讀與「物論」連讀的兩種方式。依本文的解說，〈齊物論〉是先論「齊物」，這是達到至人的修養工夫；次則平齊「物論」，是試圖以道與語言的關係來平息各種理論爭議的。既然「逍遙」與「齊物」其義一也，故是以「齊物」爲基礎來平齊「物論」。

一、人籟、地籟、天籟

那麼如何「齊物」呢？前面說，「至人無己」以跨篇的方式在〈齊物論〉中說明，答案是很顯然的，「無己」才能「齊物」。那麼如何達到「無己」？「無己」又如何「齊物」呢？這不僅是道家修養工夫，而且有理論說明，當然是重大關鍵。

如何達到「無己」？開始先形容「南郭子綦隱几而坐，仰天而噓，嗒焉似喪其耦」，至人南郭子綦仰天吹了一口氣，解體似地喪失了他的寄託。他的弟子顏成子游認爲師父變了個樣了，「形如槁木，心如死灰」了，形體如枯槁的木頭，心如死滅的灰燼了。看來，這些描述都是「無己」的關鍵，不但形體看似「如」解體，心「像」沒有寄託，而且形體「如」枯槁的木頭，心「如」死滅的灰燼。是不是「無己」就是「無形」和「無心」呢？當然不是眞的形體崩解了，枯槁了，心臟眞的停止跳動了。爲了使顏成子游不朝這個方向想下去，南郭子綦以「吾喪我」回答，這是顏成子游所不知的。又提出「三籟」的層次：「女聞人籟而未聞地籟，女聞地籟而未聞天籟夫。」說顏成子游聽過人間的音樂，沒有聽過大地的音樂，即使聽過大地的音樂，也沒有聽過天上的音樂。

顏成子游是知道「人籟」的，他說：「人籟則比竹是已。」人間的聲音就是把簫管放在口邊吹出聲音，這就好像人間的音樂。南郭子綦如何解釋「地籟」呢？他說：「大塊噫氣，其名爲風。」大地吹了一口氣，這就是風。這就把〈逍遙遊〉中風的隱喻整個綰連起來[1]。風是大地的音樂，「是唯無作，作則萬竅怒號。」風不吹則已，長風大作時，一吹則所有孔竅都發出了聲音。什麼是「萬竅」呢？他說：「山林之畏佳，大木百圍之竅穴」，山林中山阜的形態，百圍大木的孔竅，你看看它們的樣子，「似鼻，似口，似耳，似枅，似圈，似臼。」像人的鼻、口、耳，把這些孔竅的形態擬人化爲人的孔竅；形狀也有方形的如橫木架在兩根柱上，也有像圓形的圈，像圓桶形的如臼，後三者也可以解釋爲像人的屋舍，豬圈羊圈，人所使用的器具如臼。另外還「似洼者，似污者」像大水池，像小泥塘。這樣，「萬竅」就是人、獸、物(器具)、自然全都呈現爲竅的形態。這些孔竅發出什麼聲音呢？「激者，謞者，叱者，吸者，叫者，譹者，宎者」水激盪的，箭離弦的，叱喝的，呼吸的，呼叫的，哭嚎的，歡笑的，哀切的，以此形容各式各樣的聲音。「厲風濟，則眾竅爲虛」，強風停止，所有的孔竅就回復了虛空。

很簡單地說，人間的音樂是必須對中空的簫管吹氣，大地的音樂是風吹過虛空的孔竅。經過南郭子綦的講解後，顏成子游了解了「地籟」，他說：「地籟則眾竅是已。」大地的音樂是各式各樣的孔竅。那麼「天籟」是什麼呢？南郭子說：「夫吹萬不同，而使其自己也，咸其自取，怒者其誰邪？」風的吹響所有孔竅，好像萬萬有所不同，其實都是使這些孔竅自己成爲自己，都是這些孔竅「自取」而成，自己發出了聲音，哪裡有什麼東西(就是風)在那裡怒嚎呢？風是無有的，有的只是這些虛空的孔竅自己發出各式各樣的音樂。人籟是人爲(比竹而吹)的，地籟是風使之(眾竅)然的，天籟是眾竅自取的，是天然的音樂。

至人無己，必須通過喪我的工夫。如何喪我，要成爲中空的孔竅。大地上的萬物，有如萬竅，風吹過才能成爲各式各樣不同的音樂。喪我不至喪形，但猶如喪形，故形若槁木；尤必要喪心，心若死灰。心不過是意識的別名，喪心就是喪失自我意識，忘了我自己是誰，忘我。喪我、忘我正是天籟的工夫，喪我、忘我正是自化的工夫。

人向人所使用的中空音樂器具吹氣(如簫管)，是人間的音樂。大地的吹氣叫風，風吹過大地的各種孔竅，發出萬籟，是大地的音樂。而風不是別有一物，是萬竅的虛空自取而成風，是自己而然的，是天然的音樂。氣和風通過中空的竹管或孔竅才能成爲音樂，而中空的孔竅本身就能發出音樂。道家對中空的器具別有會心，《老子》中「三十輻，共一轂，當其無，有車之用。埏埴以爲器，當其無，有器之用。鑿户牖以爲室，當其無，有室之用。」（〈十一章〉）這些可以容納事物的器具、裝備，都是當「無」時即是當中空時，才有容納事物的作用。甚至《老子》中與風直接相關的是天地之間空虛而生風：「天地之間，其猶橐籥乎，虛而不屈，動而愈出。」（〈五章〉）就把天地之間，形容成「橐籥」即鼓風箱，也是中空的容器，空虛而不彎曲，一動蕩就愈發生出風來了。但天地之間不是人用的器具，會自行動蕩生風的，不須人去使用鼓風箱。海德格（Martin Heidegger, 1889-1976）同樣舉出水壺的例子：「空的空間，水壺的無，正是水壺作爲持著的容器……只有一容器才能空掉自己。」[2]「無」初初所指涉的，只是容器空的空間。對於老子而言，容器的無化，就是容器得能容納事物的空間化，也是容器得以成爲有用；如果老子以容器爲理想的範型，人也是要如容器空掉自己，這也就是《老子》「聖人不積。既以爲人，己愈有。既以與人，己愈多。」（〈八十一章〉）把空掉的事物作爲贈禮，愈能像容器一樣保持空的空間。海德格直接在容器空掉的事物中例如水壺的水，包含了贈禮的涵義：「水壺的壺性含在倒出中倒出的禮物……春天停在贈禮的水中，在春天中，石頭居住著，在石頭中居住著土地的沉睡，且接受了天空的雨和露。在春天的水中，居住著天地的婚姻。」[3]水壺是石壺或砂壺，故「居住著土地的沉睡」，水壺「接受了天空的雨和露」，故壺中的水「居住著天地的婚姻」。老子亦有類似的說法，但是直接說水：「天地相合，以降甘露。」（〈三十二章〉）「甘露」是甘甜的露水。海德格說水壺中的水倒出成爲贈禮，故是「春天的水」。

莊子在人籟中以簫管作爲中空的音樂器具，地籟中以眾竅作爲中空的孔竅，不惟如此，老子在天地之間也強調：「谷神不死，是謂玄牝，玄牝之門，是謂天地根。」（〈六章〉）天地是由山谷的空的空間誕生。「江海所能爲百谷王者，以其善下之，故能爲百谷王。」（〈六十六章〉）江海是最大的山谷，是天地之間最大的空的空間。

《莊子》〈天地〉篇中：「夫大壑之爲物也，注焉而不滿，酌焉而不竭；吾將游焉。」「大壑」也是天地間大的空的空間。〈逍遙遊〉中大鵬的飛移到「南冥」去，「南冥者天池也」，「天池」當然也是最大的空間，也是「大壑」。而〈齊物論〉中說聖人的「不言之辯，不道之道」，是「注焉而不滿，酌焉而不竭，而不知其所由來，此之謂葆光。」故「葆光」是像「大壑」一樣才能韜光養晦。這當然是以中空的器具爲範型的擴大說法。

簫管的氣化（比竹而吹），是人爲的，得以產生美妙的音樂。眾竅的氣化，是長風大作，所以萬竅怒號。地籟其實是萬籟，渾沌的噪音，爲何從人籟優美的旋律而爲地籟渾沌的噪音，反而是更上一層，無非地籟乃是大自然萬籟交響。「混亂是開放的，而不是封閉的系統……它是繁多的，出乎意料的，混亂是流動的，它流淌出來，如同白色的阿爾布拉河一樣。我聽到柔和的白噪聲……它隨意流淌，全無定形。」[4] 混亂，流動，開放，是繁多的而且全無定形，是出乎意料的而且不能給予一個秩序，這是塞爾(Michel Serrels, 1930-)所謂的「混亂的噪音」，這也是莊子地籟的渾沌的噪音。渾沌的噪音是宇宙的背景，也是宇宙的開始，莊子在〈逍遙遊〉中也曾給這渾沌的噪音一種形象的描繪：「野馬也，塵埃也，生物之以息相吹也。」那是野馬混亂的馬蹄聲，被漫天塵霧的渾沌所籠蓋，這就是萬物以氣息彼此相吹盪，這是自然的萬籟交響。

不過，「生物之以息相吹也」卻已經跨越到天籟的層次，這時，不是長風吹過而萬籟交響，是萬物「自己」以氣息彼此相吹盪。天籟似乎是解決繁多與一的問題，如果地籟說的是風的一，產生了萬籟的繁多。那麼天籟說的是沒有風的一(「怒者其誰邪」)，而是萬竅自取而產生萬籟，反過來，是萬籟的繁多如「生物之以息相吹也」產生了風的一。甚至莊子是講眾竅氣化自成風，因爲可以以氣息彼此相吹盪。這樣，風也不是一，而是眾竅氣化的渾沌，是萬物各式各樣的呼息，呼息就是眾竅的氣化，就是音樂。故天籟更是渾沌的噪音。郭象注天籟說：「夫天籟者，豈復別有一物哉！即眾竅比竹之屬，接乎有生之類，會而共成一天耳。……故天者，萬物之總名，莫適爲天，誰主役物乎？故物自生而無所出焉，此天道也。」[5] 「有生之類」其實就指萬物，至於「比竹」的人籟不必包含在內，莊子在地籟中所形容的「叱者，吸者，叫者，譹者，宎者」，並非「比竹」而吹奏的簫管音樂，人籟是人爲的造作。天籟衹是地籟的眾竅氣化而成渾沌的噪音，「會而共成一天耳」。爲何眾竅得以氣化成音樂，「樂出虛」(同見〈齊物論〉)故也，音樂出自於虛空的孔竅。天籟祇是地籟（萬籟）的自然義，「天者，萬物之總名」，故天籟也只是地籟（萬籟）的渾沌噪音，是萬竅氣化而自成。

南郭子綦以三籟作答，既然是「喪我」，當然跨越過人爲吹奏簫管的人籟層次。喪我、忘我，就是去除自我意識，何以故？因爲萬物的差異是人的意識所不能思考的，所不能統一的，這是「心若死灰」甚至要忘掉自己的形體，只剩下孔竅的氣化狀態，這是「形若槁木」。「仰天而噓」正是氣化狀態描述，空掉了自己，像中空的容器一樣。這樣，如何齊物就容易了，就是物各付物，讓萬物一一各歸於其氣化，復歸於渾沌的噪音，就是齊物。

二、眞宰與眞君

莊子說明了忘我才能齊物的道理，似嫌簡明。自我意識有何問題，爲何要去除自我意識？形體又有何問題，爲何要忘形？對於自我意識，莊子提出「眞宰」；對於形體，莊子提出「眞君」。

自我意識有什麼問題呢？大知一派輕鬆（「大知閑閑」）、小知的尖銳分別（「小知閒閒」）；大言的盛氣淩人，小言的碎細嘮叨（「小言詹詹」），無論是夢是醒，總是「與接爲搆，日以心鬥」。總是與人事的接觸彼此設計，整天鉤心鬥角。充滿了小的恐懼和大的恐懼，「其發若機栝，其司是非之謂也；其留如詛盟，其守勝之謂也。」心的發動像發箭的機器一樣，窺伺著是非；心的遲不發動，好像秘密的誓約，等待著取勝的機會。「其殺若秋冬，以言其日消也；其溺之所爲之，不可使復之也；其厭也如緘，以言其老洫也；近死之心，莫使復陽也。」心像秋冬般肅殺，致日漸消沉；沉溺於所爲，也無法再恢復原貌；煩厭的好像保持沉默，是老去枯竭；心接近死亡，沒法使之恢復生氣。這就是自我意識被莊子視爲機心，整日鉤心鬥角，由肅殺、沉溺、煩厭的機種狀態，到接近死亡，這才是心近死灰的狀態。

以上機心的種種衝突與爭鬥，就是自我意識。所以莊子說：「非彼無我，非我無所取。」不是以這些狀況沒有自我意識的存在，我們的自我意識都淪陷於其中，也不是我們的自我意識無所取於機心的種種衝突與爭鬥。「是亦近矣，而不知其所爲使。」機心的種種衝突與爭鬥，是什麼主使的呢？「若有眞宰，而特不得其眹。可行已信，而不見其形，有情而無形。」郭象將前面的「彼」當作「自然」，譯成白話就是並非自然沒有我在，並非我無所取於自然，可是郭象說：「自然生我，我自然生。」明顯多加個「生」字去曲解，對照前面說機心種種，眞有些離題了。順著將「彼」視爲自然，此句注「萬物萬情，趣舍不同，若有眞宰使之然也。起索眞宰之眹跡，而亦終不得，則明物皆自然，無使物然。」[6] 順著自然說萬物沒有眞宰，此注前後截皆誤，只有「起索眞宰之眹跡，而亦終不得」是對的。此句「若有眞宰」就是沒有眞宰，只是好像有個眞宰，偏偏得不到眞宰的眹跡。在種種機心裡，只是做自己所相信的，卻沒有辦法見到眞宰的形態，種種機心對於自己的眞宰，只是有情感而沒有形態。換言之，眞宰是要回答驅動這種種機心的力量是什麼，答案是在機心的驅動下，每個人只相信自己所相信的，沒有眞宰，是隨眾人異情以爲有個眞宰在。王夫之注曰：「唯情所發，而無一定之形；則宰亦無恆，而固非其眞。是不得立眞宰以爲萌矣。」[7]說眞宰是由(各人的)情感所發，而沒有一定的形態；而這樣的主宰也不會恆久不變，也當然不會是眞的主宰。所以不能立眞宰以爲萌動的開始。這注解不但以眾人異情以爲有個眞宰，就是情以爲眞，而且說明人心之善變，而主宰隨之而變，無「眞」可言。牟宗三何不觀此注？他解「彼」字爲「以上的意氣情緒」，如機心種種，是對的。但卻解釋眞宰爲「生命的眞實主宰」[8]，是由機心反顯出道心爲眞宰，這樣強立道心爲眞宰，與「至人無己」的字面義很難合湊，且與這段文的前後脈略有杆格。眞宰恰是自我意識的病痛，是隨機心種種的俗情以爲有個眞宰在，恰恰是「唯情所發」的假宰。

自我的形體有什麼問題呢？「百骸，九竅，六藏，賅而存焉，吾誰與爲親？汝皆說之乎？其有私焉？如是皆有爲臣妾乎？其臣妾不足以相治乎？其遞相爲君臣乎？」我們的百骸，七竅和兩個排泄口，六腑等等，我們跟誰親近呢？你都全部喜歡它們嗎？還是有私自喜歡的呢？如果人人有私愛的，它們都有可能成爲臣妾的嗎？而這些臣妾不足以互相治理嗎？它們輪流成爲君臣嗎？前面三個問題是自我與形體的關係，後面三個問題是形體各部分的關係。自我會大公無私的對形體的各部分皆喜悅嗎？對那個部分較親近呢？還是會有私愛的？我們當然會有親近的與私愛的，但是就自我的不同活動而言，總牽動了它們某部分的作用。

如果自我意識對身體各部分是作爲主宰，那就是壓制，那麼身體各部分就是作爲「臣妾」了。身體各部分會不會形成有機統一，而「互相治理」呢？還是輪流成爲主宰及支配的關係？德勒茲（Gilles Deleuze, 1925-1995）把身體各部分說爲機器，而說明其相互之的關係：「每一器官無疑地從自己流變的透視，從流自於它的能量觀點，來解釋整個世界：眼睛以見來解釋一切——說話，了解，拉屎，性交。但與其他機器的聯結也被建立，沿著橫過的路徑，以致一個機器打斷另一機器的流動，或看到自己的流動被打斷。」[9] 德勒茲以尼采的方式說明每個機器都想自爲主宰，打斷或被其他機器的流動打斷。而如果自我作爲主宰，這些機器就被組織化了，形成有機統一的關係。而互相治理了。

德勒茲的目的是打破人作爲一個有機物的人本主義思想，而以「沒有器官的身體」（“a body without organs”）與身體各部分的器官機器相對立。「沒有器官的身體是一個平面任由強烈的力量穿流交匯……我們可以眞正走出固有的制度和形而上的封閉空間，與外部聯繫，呼吸新鮮的空氣……當沒有器官的身體，把一切器官都推開及超越時，死亡的模式便出現：沒有口，沒有舌頭，沒有牙齒……沒有死亡，便沒有新的誕生。」[10] 沒有器官的身體，不再困於身體的內部，因爲身體的內部是「固有的制度和形而上學」的壓制作用，但莊子的「吾喪我」與德勒茲的死亡模式可以參照的。莊子是忘記自我意識及形體，只有一氣之化；德勒茲是忘記自我意識及器官，使身體從封閉的內部走向外部。但兩人同樣反對有個眞正的主宰在。「其有眞君存焉？如求得其情與不得，無益損乎其眞。一受其成形，不亡以待盡。與物相刃相靡，其行盡如馳，而莫之能止，不亦悲乎！」臣妾對於眞君，好像是眞君作主宰，由自我意識來支配身體各部分器官，這樣的眞君當然是無有的。不過眾人「以無有爲有」，認爲在百骸九竅六臟外，還有眞君，好像雖求不得其實在的情形，對眞君之眞也是無所損益的。簡單地說，眞宰是機心，就是沒有眞宰；眞君是成心，就是沒有眞君。王夫之注：「不足以相役，不足以相君。君且不得，而況其眞？……果非有萌者。」[11] 就是順著身體內部各器官不足以互相役使，不足以互相主宰，說明沒有眞君。雖沒有眞君，但「若」有眞君，一旦成形，不死也等待著死亡。與事物相違逆相順從，那種情況如同奔馳不止，這不是很悲哀嗎？

我們好像有眞正的君主，結果是「夫隨其成心而師之，誰獨且无師乎？悉必知代而心自取者有之？愚者與有焉。未成乎心而有是非，是今日適越而昔至也。是以無有爲有。」眾人師法成心，又何必認知呢？愚者也有成心。沒有成心就沒有是非，這是把沒有的東西當作有。

自我意識充滿機心，整日鉤心鬥角，以爲有個眞宰在，所以要去除自我意識。自我意識作爲主宰對身體產生支配作用，充滿成心，以爲有個眞君在，不忘形無法避免支配作用。去除自我意識和忘形，就達到了吾喪我的死亡模式，只是一氣之化，與外部自由交流。

三、平齊物論

有成心就有是非，就會形成機心，鉤心鬥角。看來，成心比機心還要根本。是非來自於成心，是非多與言語有關，這是物論。「夫言非吹也，言者有言，其所言者特未定也。」言語不是風之吹一樣，說話的人有言語留下來，只是所言論的方向是未確定的。「道惡乎隱而有眞僞？言惡乎隱而有是非？道惡乎往而不存？言惡存而不可？道隱於小成，言隱於榮華。」道爲什麼會隱蔽而有眞僞？事實上莊子提出了解釋，是在下一個問話形式中，因爲道會消逝而不存留。《老子》〈二十五章〉：「吾不知其名，字之曰道，強爲之名曰大。大曰逝，逝曰遠，遠曰反。」「道」只是字，「大」才是名。廣大之道正因道的無所不在，才好像消逝一樣，大道的消逝就是遙遠。只有遙遠才像是返回一樣。老子視大道有三動向：消逝、遙遠、返回。大道只有在消逝與遙遠的狀況中，才是返回的，故道無法存留。道會隱蔽，能存留的只是小成之道，不是廣大之道。言語爲什麼會隱蔽而有是非？因爲原初所指的已無法確定，只有言語留下來，言語存留卻又不可以。虛誇巧飾的言語也使眞實的言語隱蔽。

再進一步論是非，原來是來自彼此的對立。「物無非彼，物無非是。自彼則不見，自知則知之。故曰彼出於是，是亦因彼。彼是方生之說也，雖然，方生方死，方死方生；方可方不可，方不可方可，因是因非，因非因是。是以聖人不由，而照之於天，亦因是也。是亦彼也，彼亦是也。彼亦一是非，此亦一是非。果且有彼是乎哉？果且無彼是乎哉？彼是莫得其偶，謂之道樞。」「彼」用現在的術語即是他者，「是」是我或自己，一切事物的看法無非是他者和自己的透視立場的問題。從他者的立場就看不見我，從我的立場所知道的當然就知道。所以說他者的立場(之所以看不見我的立場)是出於我的立場成立，我的立場(之所以看得見或知道自己的立場)也是出於他者(看不見我的立場)而成立。有他者與我的立場才生出是非來，「多少是非皆由此起，故曰方生之說也。」[12]雖然是非剛生又旋即死滅，剛死滅又旋即誕生。才說是的時候卻又成非(不可)，才說非的時候卻又成是；把是非放入時間生成變化的意義中，彼此的透視立場也在生成變化中，時間是無法停住的，故是又輾轉成非，非又輾轉成是(「因是因非，因非因是」)，是非就這樣相因而生。所以聖人不遵循他者或自我的透視立場問題，而由天然公平的立場就能如實照察他者與自我透視立場的相異，也因爲這緣故。那麼這樣自我的立場也是他者的立場，他者的立場也是自我的立場。他者的立場也是一個是非，自我的立場也是一是非。果然有他者與自我的立場嗎？果然沒有他者與自我的立場嗎？他者和自我不能形成對立，這就是道的樞要。

這樣就清楚，成心是以自我意識爲中心，有自我意識就產生與他者的對立狀態，而自以爲是，以他者爲非。自我意識與他者形成二元對立(偶)，總是以自我意識爲眞理的呈現。以彼是的二元對立立場，就生出是非的二元概念了。當德希達(Jacques Derrida, 1930-2004)「質疑同一的觀念，視同一爲無物，而本文的遊戲爲一切」[13]時，既在破解邏輯的同一律，也在破解渴望中心的傳統上學。「這對中心的渴望，權威化的壓迫，產生了階層化的對立。較高的辭語於呈現與邏各斯，較低的用以界定其地位和標識其墮落。」[14]以自我意識爲中心，對他者產生權威化的壓迫，以自我意識爲是，爲同一，則以他者的意識爲非，爲差異。是非是二元對立的符號，「意旨功能的要素並不由它們核心的緊密的力量，而是由區分這些要素的對立網絡所產生，而使這些對立要素彼此關聯。」[15]一個符號並非自足的，並沒有「核心的緊密力量」，而是關聯一對立要素。這就是「是」與「彼」的關聯，並沒有那一個成爲核心。故而彼與是雖初初只是立場的不同，但莊子把其套入洞見與不見的問題。

彼與是的洞見，均來自對方的不見。其次再把洞見與不見，放入是非問題中，是非就輾轉成爲概念，概念的符號。符號爲何會有「方生方死，方死方生；方可方不可，方不可方可」這種由時間化的過程中，可與不可的對立概念彼此互相過渡呢？無非是當我們以符號（是或非）來代替與是的洞見與不見時，產生了時間化過程。德希達這樣說，「符號通常說是要取代事物本身，呈現的（或在場的）事物，『事物』這裡同樣代表意義或參照。符號再現了呈現的於其不現（或缺席）中。它取代了呈現的，當我們不能把握或顯示事物，就說出呈現的，是或存有（being）—呈現，當呈現不能被呈現，我們指涉，我們通過符號的迂回。」[16]換言之，事物（包含意義或參照）是由不現到呈現的動力過程，而符號畢竟是呈現，只能「再現了呈現於其不現」中，而這呈現的不現，無論如何是不能被呈現的。故而通過「指涉」的無盡努力，通過「符號的迂迴」，是與非產生無窮的串系。這也就是後面所說的「是亦一無窮，非亦一無窮也」。德希達以符號去取代事物(包含意義與參照)由不現到呈現也許永不可能，永遠被延緩，故符號方生即死，方死又生。是與非也就輾轉而生了。「彼是莫得其偶，謂之道樞。樞始得其環中，以應無窮。」既然彼是只是透視立場的不同，故取消對立，這是道的樞要(或門軸、使門可以旋轉)，而為了此樞要亦被視為一中心，而道正是沒有中心，沒有概念的中心，故再說是「環中」。環中正是空虛之道，環是周邊的實體，就如同概念的串系圍繞著空虛，這樣才可以圓應無窮的概念。而「莫若以明」無非是明道也，如何才是明道呢？

四、道通為一

莊子首先以大道來破除概念的局限。「以指喻指之非指，不若以非指喻指之非指也；以馬喻馬之非馬，不若以非馬喻馬之非馬也。天地一指也，萬物一馬也。可乎可，不可乎不可。道行之而成，物謂之而然。惡乎然？然於然。惡乎不然？不然於不然。物固有所然，物固有所可。無物不然，無物不可。故為是舉莛與楹，厲與西施，恢恑譎怪，道通為一。」

道通為一，如何能破除概念的局限性呢？指是概念，用概念來比喻概念的不是概念，不如以非概念來比喻概念的不是概念。這樣說，道超過邏輯的勝義是很顯然。此句針對的是公孫龍〈指物論〉而發，所謂「物莫非指，而指非指」是物（要了解事物）莫非是（依靠）概念，而概念（所要表達的）不是概念（所能限定的）[17]。這樣，公孫龍說概念不是概念，就不如說概念所亦表達的乃是「非概念」，故而不是概念了。概念所要表達的事物（包含意義和參照），是要去取代它，藉前面德希達所說，只能「再現了呈現於其不現」中，是不能呈現出不現與呈現的動力過程的。故依莊子看，公孫龍兩句可直接改成「物（非概念）非指」即可，莊子當然是存有的立場。下一句又針對公孫龍〈白馬篇〉而發，講「白馬非馬（白馬不是馬）」，不過是說「一、類間的排拒關係，二、不等義」[18]這樣仍局限在概念領域，說用馬來比喻（白）馬的不是馬，就不如說用非馬來比喻馬的「馬以外的事物」（非馬）。道是「非概念」，是概念（包括馬的概念）以外的領域。把公孫龍子「邏輯或概念的非」，重新表現爲道或存有論的「概念之外」。

天地也可以說是一個概念（天地一指也），萬物也可以說是一匹馬（萬物一馬也），這都是稱謂或命名的關係，我們可以重新稱謂或命名。但天地當然不是一個概念能限定的，天地是萬物中最大的，即最高存有物。老子說：「域中有四大，道大、天大、地大、王亦大。」（二十五章）「王」亦即老子的「聖人」，莊子的「至人、眞人、神人」。萬物也不是一匹馬的概念能限定的，而是〈逍遙遊〉所說：「野馬也，塵埃也，生物之以息相吹也。」那是像一群野馬所掀起的塵埃，籠罩在渾沌中。所以最好說「天地非指也，萬物非馬也」。倒是在這天地和萬物的存有論領域

（道域）中，可以就是可以（可乎可），不可以就是不可以（不可乎不可）[19]。道是在運行中成就萬物的（道行之而成）[20]，萬物總帶著其差異性與特殊性。萬物是我們稱謂或命名而成爲那個樣子（物謂之而然），爲什麼是這個樣子（然），是這個樣子就是這個樣子；爲什麼不是那個樣子，不是那個樣子就不是那個樣子。我們的稱謂和命名，原來就是約定俗成的啊！稱謂和命名是人爲的概念，和萬物的本然或「所然」是有距離的。概念的領域沒有能力表達或取代道的動力的。萬物當然有概念以外的樣子（物固有所然），萬物也有道所成就的可或肯定（物固有所可），是超乎人爲概念的可與不可的。沒有任何事物不能成爲就是那個樣子（無物不然），也沒有任何事物不能被認可或肯定的（無物不可）。這樣就可以舉出自然事物中細小的草莖，人周遭的器具、裝備中如人所居住於其下的巨大的屋梁，人的美與醜的觀念如女人中厲的醜與西施的美，這一切古怪奇異的事物，所謂萬物，都在道裡相通爲一。（恢恑譎怪，道通爲一）一切事物都有其存在的樣態，都應被肯定，這樣就超越了美醜的對立觀念了。

概念的區分，當然也成就了新的事物（新的概念）；但這種成就，也毀壞了事物的本然。（其分也，成也；其成也，毀也）而萬物本無所謂成就與毀壞，都在道的動力中變化，都在道裡相通爲一。（凡物無成與毀，復通爲一）。只有眞正通達於道的人，知道一切事物在道裡相通爲一的道理，因此不把道再作概念的區分，而把道寄託於平庸的日常生活之中。（惟達者知通爲一，爲是不用而寓諸庸）。平庸就是超乎概念的用，這樣的用是通達大道的，這樣就得於道了。（庸也者，用也；用也者，通也；通也者，得也。）得於道就接近道，也就可以停止了，停在這裡而不知或者不再推求一切事物的原因，稱爲道。（適得而幾矣，因是矣。已而不知其然，謂之道）。操勞神明去求一而不知我們的神明原和與道相通的一是相同的，這稱爲「朝三」。（勞神明爲一，而不知其同也，謂之「朝三」）。這裡莊子講個養猴的寓言（狙公賦芧），早上給三升橡子而晚上給四升，猴子都生氣了。早上給四升晚上給三升，猴子卻都高興了。朝三暮四和朝四暮三，名實未虧損而只是善於運用猴子的喜怒而已。（名實未虧而喜怒爲用）。「名」是人爲的，「實」是來自於道，如果說「實」只是七升橡子，那麼朝三暮四和朝四暮三的也沒有分別。現在把人比喻爲猴子，得道的人如同養猴人（狙公），善於運用人的喜怒去調和人的是非，而一切平息於天然的均平，就是無可無不可的「兩行」了。這眞有些調侃人間的意味，把大眾都看成猴子了。「聖人和之以是非而休乎天鈞，此之謂兩行。」所謂「天鈞」，「鈞是陶鈞的鈞，陶人模下那個圓轉的物是鈞。」[21] 故道家聖人亦如陶人，衹是讓是非無可無不可的圓轉。〈逍遙遊〉中，「聖人無名」是說實是主，名是賓，當然「以實爲主」，實是道的實，道的眞理。而「名實未虧」仍是以實爲主（如七升橡子），但消極的只是不壞人間的名，人間的名好像無定準，只是隨人的喜樂而定，故名仍是虛。

莊子描寫古時代的人心純樸，智慧（知）有三種境界。第一種以爲沒有事物存在（未始有物）；其次以爲有事物存在，但事物間沒有封限（有物矣，而未始有封矣）；其次以爲有封限，但是沒有是非（有封焉，而未始有是非也）。故最高的智慧是只見道的動力的變化，其次是看萬物可以周流變化，互相影響。再其次是萬物被封限在固定的領域，但是沒有產生是非。是非概念是人爲的，彰明了是非概念，也就產生了以人爲中心的觀念，這是大道的虧損。這就是以人爲「此」(自己)，以萬物爲「彼」(他者或異己)了。再簡單說，最高的智慧只見道不見物，其次是只見萬物的變化，其次只見萬物的差異；人以是非觀念衡量一切事物，以自己爲是，以他者爲非。或者以音樂來比喻，最高的智慧是天籟，其次是地籟或萬籟，有是非的當然是人籟了。爲什麼莊子要排除掉以人爲中心的是非觀念呢？語言哲學是尼采(Friedrich Nietzsche, 1844-1900)注目的焦點，人類的語言產生了人爲的是非觀念，但卻奠定在錯誤的基礎上。「各種各樣的知識，去追溯一個人與其他事物的關係(或種類的關係——那如何會是其他事物的『知識』！認知和知識方式本身已是存在情況的一部分：以致於除了保存我們自己外不會有其他智性……知識都是錯誤的)。」[22]人的知識已涉及「存在情況」，也是「人的保存」的設計，既然在認知上無法排除「人的關係」，就無法對其他事物(或萬物)產生「眞正的」知識。莊子破除人爲的概念化，雖然不必同於尼采所面對的西方形上學的背景，但在破除人類中心、自我概念等方面，與尼采、海德洛、德希達、德勒茲等的「解構」策略，可以說是相同戰線。

大道之所以會虧損，也是私愛所以得以成就(道之所以虧，愛之所以成)。反過來也可以說「愛之所以虧，道之所以成。」能離棄私愛，才能成全大道。有成就和虧損，所以昭氏彈琴；沒有成就和虧損，所以昭氏不彈琴。郭象注曰：「夫聲不可勝舉也，故吹管操絃，雖有繁手，遺聲多矣。」[23]簡單說，地籟或萬籟之聲，是無法以人籟的音樂表現的，這「遺聲多矣」，正是大道的虧損。昭氏的私愛，正是他的琴藝之所以成就。無論昭文善能彈琴，詩曠妙知音律，惠施好談名理，總是他所喜好的，與他人相異；他所喜好的想要顯示於人（惟其好之也，已異於彼，其好之也，欲以明之）。矜誇一己之能的滑動游疑的光耀，是道家聖人所鄙棄的（是故滑疑之耀，聖人之所啚也）[24]。成玄英認爲道家聖人「故能晦跡同凡，韜光接物，終不眩耀群品，亂惑蒼生。」[25]能隱晦生活的形跡與凡俗認同，隱藏光芒應接事物。終不矜誇一己之能在人前眩耀，使人混亂迷惑。因此不用概念分解的方法而將大道寄託在生活日用當中，這才是眞正的明道（爲是不用而寓諸用，此之謂以明）。這也是老子說的「明道若昧」，了解道好像芒昧不知。

取消了人爲概念的區分，大小、長短、壽夭的二元概念俱無所湊泊，就可以回歸萬物的差異與獨特，就可以回歸道的動力。天地與我一齊誕生，萬物與我相通爲一（天地與我並生，萬物與我爲一）。我們如何了解這「生」字，這「一」字？這句話能否由老子「無，名天地之始；有，名萬物之母。」（〈第一章〉）來了解？即「生」在無的層次，「一」在有的層次？看來也不容易。「生」一般說爲誕生或生長，觀老子「道生之」（〈五十一章〉）一語，道使萬生長，道家應是視「生」字爲誕生或生長。天地是萬物中最高的，即最高存有物，那麼「天地與我並生」的「我」，根據老子「道大、天大、地大、王亦大」的說法，「我」是指莊子，道家聖人，或至人、眞人、神人。萬物與我爲一，只是道通爲一的一。「有始也者，有未始有始者也，有未始有夫未始也者。有有也者，有無也者，有未始有無也者，有未始有夫未始有無也者。」說時間有個開端，這是我們平常所認識的計算性線段時間，有個起點和終點。說未曾有個開端，是不能以線段性的方式思考時間，因爲這總是以時間與人而有的關係而被思考到，時間本身是無所謂開端。未曾有「未曾有個開端」，時間本身雖無所謂線性的開端，但卻有時間本身的開始，時間卻要和道一起被思考到爲「它給出」，這就是時間的來到。海德格說：「給出(give)作爲命運，給出作爲那抵達的開放，兩者互相隸屬。前前者即命運，在於後者伸展的開放，在存有的命運派送中，在時間的伸展中。」[26]在道的命運派送中，時間作爲抵達的開放，故而在「它給出」中，時間只是誕生而來到了人。時間作爲抵達的開放，而來到了人的開放性中(出神)。說有「有」，因爲萬物存在就是有。說有「無」，那是相對於萬物存在以外有某些東西存在。「無是物的否定，這是從物的觀點所經歷到的存有。存有論差異是物與存有之間的否定。」[27]無作爲物有的否定，是從物所經歷的道，但存有論差異作爲道與物之間的否定，即是道與物之間的差異，是道也不能離開物來思考，故又是「未始有無」了，說有「未始有無」，是相對於萬物存在以外的某些東西不能離開萬物而存在。說有未曾有「未始有夫未始有無」，既然是道的命運派送，時間的抵達開放，一起在「它給出」中，道也只是給出「命運」。

再以道與語言的關係來反省。「既已爲一矣，且得有言乎？既已謂之一矣，且得無言乎？一與言爲二，二與一爲三，自此以往，巧歷不能得，而況其凡乎！故自無適有以至於三，而況自有適有乎！」聖人即與萬物爲一，一當在無言的層次；但即已稱謂這種狀況爲一，又不當在無言的層次。

故一就是道，語言就是有，道的無(言)和語言的有，合起來便是二。問題是當語言用來顯示沉默的道時，語言只能作爲沉默的效應發生，語言只能歸於旋即的破滅或再次歸於沉默。「死亡與語言的基本關係……文字在原創言說的Zeigen(顯示)中的破滅。」[28]原創言說正是爲顯示道，但道受到語言的顯示，也受到限定，道歸於沉默，而語言歸於破滅。道歸於沉默仍是一，語言所顯示的道和將歸於破滅的語言是二，合起來便是三。美國哲學家皮爾斯(Charles peirce, 1893-)認爲：一個闡釋元(觀念)——它把符號看做關於某物的符號——總是能夠被另一個闡釋元所理解。故闡釋元在符號產生的語境中會導致無限的指號過程[29]。這就是「自此以往，巧歷不能得……」。「所說之一，與說一之言，與道體本然之一，由一而二，由二而三矣」[30]。這也是「自無適有以至於三」。至於在日常語言的基礎上，就是在爭辯的層次上，「而況自有適有乎！」就是無盡的閒言閒語了。

五、天府和葆光

莊子開始展示道與語言的關係。

「夫道未始有封，言未始有常，爲是而有畛也。請言其畛：有左，有右，有倫，有義，有分，有辯，有競，有爭，此之謂八德。六合之外，聖人存而不論；六合之內，聖人論而不議。春秋經世先王之志，聖人議而不辯。故分也者，有不分也；辯也者；有不辯也。曰：何也？聖人懷之，眾人辯之以相示也。故曰辯也者有不見也，夫大道不稱，大辯不言。」道沒有封限。言語也沒有常態，只因爲自持己見（是），就有了界限。有「左」，有「右」；有次序（「倫」）就有了正當性（「義」）。有區「分」，就有爭「辯」；相較量（「競」），就有「爭」勝。這八德分爲四組。左、右是二分，其中就隱含了價值觀念；這就形成了次序，有正當性問題。這以上在社會層次。有概念的區分，就有爭辯；相較量，就有爭勝心理。這是在辯論的層次。所以在上下四方之外，四海之外，道的領域中，聖人保存著意在於道而不談論。在人間，聖人談論道而不評議。春秋書治理人間有先王的志向，聖人評議而不辯論。「存而不論」，是歸於沉默之道。「論」道是可左可右，無可無不可的；《老子》「大道氾兮，其可左右。」（〈三十四章〉）。「議」先王之志則有左、右，倫、義之區分，這是社會秩序。這些都在概念的區分以上的層次，概念的區分以下，就形成了辯論。所以有概念的區分，就沒有區分的；辯論的，也有不辯論的。聖人懷抱著道，而大家卻辯論來誇示己見。其實辯論也有沒有見到的。大道不可言稱，大的辯論也歸於沉默。

「孰知不言之辯，不道之道，若有能知，此之謂天府。注焉而不滿，酌焉而不竭，而不知其所由來，此之謂葆光。」不言之辯，不道之道，都是回歸沉默的大道，這是天道的府庫，府庫總是收藏義。如果天府連下句讀，則天府「注焉而不滿，酌焉而不竭」，本句句義另見〈秋水〉：「天下之水，莫大於海，萬川歸之，不知何時止而不盈；尾閭泄之，不知何時而已不虛。」故天府總是浩瀚如江海，其蘊蓄者多，而淵默如大海。如果不連上讀，則總是浩瀚蘊蓄者多，而不知其所由來，這是所謂「葆光」，即韜光養晦，收斂起自己的光芒，而涵養自己。

不言	道	天府、葆光	六合之外	自然
言	論	左、右	六合之內	社會
	議	倫、義	春秋經世先王之志	政治
	辯	分、辯	眾人	語言
	爭	競、爭		行爲

從以上的圖可以看出道、論、議、辯、爭是一層層淪降。「大道不稱」或「不道之道」總在最上一層，而「大辯不言」或「不言之辯」卻要通過言語的否定，成爲不言，才能歸於沉默之道。而「倫」、「義」如屬倫理行爲（倫、義），也要通過否定的方式。「大仁不仁，大廉不嗛，大勇不忮……仁常而不成，廉清而不信，勇忮而不成。」仁、廉、勇屬倫理行爲，要大到同大道之大，就要通過否定的方式，大仁不能以仁德循私，大廉不能以廉潔自彰，大勇不能以勇武自恃。故仁必「物無常愛，而常愛必不周」[31]，故顯清廉難入人於信，逞強則難成其爲勇。那麼爭端甚至戰爭的衝突也要被否定。

故昔者堯問於舜曰：「我欲伐宗、膾、胥敖，南面而不釋然。其何故也？」舜曰：「夫三子者，猶存乎蓬艾之間。若不釋然，何哉？昔者十日竝出，萬物皆照，而況德之進乎日者乎！」假借儒家聖君之口，演道家之理。堯想征伐三小國，舜勸阻他說這三小國，好像仍生存在蓬草、艾草之間，以前十個太陽並出，日照萬物，並稱許堯既然德性超過了太陽，就不應再有征伐的行動。故戰爭的衝突也通過否定的方式。

既然日照萬物，無偏無私，故眞正的問題屬於「六合之外」的問題。齧缺對王倪的三問：「物之所同是乎？」「子之所不知乎？」「物無知邪？」王倪同樣通過否定知的方式，如果知才可以「論、議」，則知與言的關係則親密，既然言要通過否定，知也要通過否定。但知似乎又可以提上成爲道的智慧。「民溼寢則腰疾偏死，鰌然乎哉？木處則惴慄恂懼，猨猴然乎哉？三者孰知正處？民食芻豢，麋鹿食薦，蝍且甘帶，鴟鴉耆鼠，四者孰知正味？猨猵狙以爲雌，麋與鹿交，鰌與魚遊。毛嬙麗姬，人之所美也；魚見之深入，鳥見之高飛，麋鹿見之決驟。四者孰知天下之正色哉？」這裡表達的是自然界萬物的差異性，破除以人類爲中心的居住、飲食習慣以及美醜觀念。美醜觀念或許屬於言語中概念區分（分）的層次，也要被否定。而居住或飲食習慣則是社會的層次，也被否定。莊子把仁、義定位於政治層，「仁義之端，是非之塗，樊然殽亂。」也就是從仁義開始，會產生是非的分別，形成概念的區分。

利害屬於較量（競）和爭勝（爭），當然被否定。故莊子舉出四海之外（即「六合之外」）的至人，呼應〈齊物論〉開始說「至人無己」，也就是南郭子綦通過「吾喪我」的道家修養工夫所達到的境界。至人和神人一樣，也正「神話」化了。「至人神矣！大澤焚而不能熱，河漢沍而不能寒，疾雷破山風振海而不能驚。若然者，乘雲氣，騎日月，而遊乎四海之外。死生無變於己，而況利害之端乎！」至人的神妙是整個同於自然的變化，不但身體不受自然變化所影響——不能熱、不能寒，心理也不受自然的變化所驚嚇，以致於生死也視爲自然的變化，超越死生的觀念。何況是利害呢？

六、夢與物化

瞿者，驚視貌，鵲者，小鵲鳥也；瞿雀子是藉取名來比喻未得道者。長梧子則以梧桐作喻，爲高貴的樹種，〈秋水〉中：「夫鵷鶵，發於南海而止於北海，非梧桐不止，非練實不食。」鵷鶵屬鳳類，與〈逍遙遊〉中大鵬似；故長梧子悟道之人也。

「瞿鵲子問：『吾聞諸夫子，聖人不從事於務，不就利，不違害，不喜求，不緣道；無謂有謂，有謂無謂，而遊乎塵垢之外。夫子以爲孟浪之言，而我以爲妙道之行也。』」即瞿鵲子聽聞於孔夫子，聖人不從事事務性工作，不接近利，不躲避害，不喜求索，不攀附道，不言之言，言而不言，你以爲是粗略的話，我以爲是使道精妙的行爲。」長梧子：「見卵而求時夜，見彈而求鴞炙。」就是笑瞿鵲子聽到孔丘的話就以爲是妙道之言，有如看到雞蛋就求雞，看到彈丸就求炙鴞肉一樣差之遠矣。長梧子說：「奚旁日月，挾宇宙？爲其脗合，置其滑涽，以隸相尊。眾人役役，聖人愚芚，參萬歲而一成純。萬物盡然而以是相蘊。」（道家）聖人「以死生爲晝夜，旁日月之喻也；以萬物爲一體，挾宇宙之譬也。」[32] 此注甚美，根據莊子義理「發揮」。是因爲他吻合大道，隨任那些滑亂紛雜，尊重那些卑賤的。眾人勞碌爲事務役使，聖人愚純，參與時間的變化爲一而成就其精純，萬物盡入於時間的變化而因此互相蘊含。隨任那些雜亂紛雜，正是一任萬物混沌的狀態，一任萬物的差異性並作。尊卑貴賤之等正在左與右的社會次序，也該否定（見圖表）。眾人忙於工作，在計算性的線段時間中分、辯、競、爭，而聖人愚純無知，參與時間的變化，永遠是道的命運的抵達與時間的伸展[33]，萬物盡皆如此，所以他與萬物爲一體。

道的命運的抵達與時間的伸展，對人而言，莫大於生死問題。也正是前面說，至人的「死生無變於己，而況於利害之端乎。」死生的變化都不會使他驚惶失措，怎麼會是瞿鵲子所說的「不就利、不違害」這種「利害之端」呢？長梧子對死生問題否定了認知的可能性，而從人心理上的快感與痛感來說明對死生問題的矛盾情感。「予惡乎知說生之非惑邪！予惡乎知惡死之非弱喪而不知歸者邪！」「予惡乎知夫死者不悔其始之蘄生乎！」這三者之中，只有「我哪裡知道喜悅生命難道不是一種迷惑」這則有舉例說明，就是美女麗姬嫁到晉國，「涕泣沾襟」，直到與晉王歡處大床，寵愛隆重，吃美味肉食，才後悔先前的哭泣。矛盾的情感，哭與笑的二重奏，說明了生之困惑。但另兩個問題均針對死亡，卻沒有說明，並不是偶然的。「死生無變於己」，重要的是面對死亡的態度。那麼，「我哪裡知道討厭死亡的難道不是在幼年離開家鄉而不知道歸鄉呢？」把死亡視爲歸鄉，這是視死如歸了。「我哪裡知道死者不後悔在面對死亡時剛開始還掙扎求生呢？」就是把死亡視爲一種喜悅，故而「予惡乎知」是一種生命態度的提出。這可以這樣說明，生是有，如果不了解生是有乃是由於死亡是無而成爲可能，就會貪生怕死、悅生惡死，而籠罩在社會全體性的俗情迷惑中，而貪戀各式各樣的享受，永遠在患得患失的矛盾情感中。至於死亡，是無，是生命的家鄉，我們朝著家鄉奔赴，而有歸鄉的喜悅。那是道的命運的抵達與時間的伸展，當時候到了，參與的是時間的變化與自然萬物的變化。海德格說：「作爲空無的聖殿，死亡是存有的庇護。」[34] 這呼應了莊子對死亡的態度。無論是〈大宗師〉的「生死存亡爲一體」，〈至樂〉視死亡爲「南面王樂」，均把死亡視爲悟道的關鍵，〈刻意〉說「聖人之生也天行，其死也物化」，死亡被視爲物化，簡單說是物的變化，如何能不參與萬物的變化。故海德格此二語，亦是莊子學說的關鍵了。

夢常常與白天的快感或痛感相反。爲何如此？白日是在成心中。那麼夢在莊子的表詮中反而有特殊的重要性。「夢飲酒者，旦而哭泣；夢哭泣者，旦而田獵。」醒來我們才知道是一場夢，「覺而後知其夢也」。那麼要大的覺醒才知道是一場大夢，「且有大覺而後知此其大夢也」。長梧子繼續說：「孔丘和你(瞿鵲子)皆是在夢中；我說你們在作夢，這本身也是夢。」「丘也與女，皆夢也；予謂女夢，亦夢也。」何以故？生命是一場大夢，尤其是陷入社會全體的迷惑中，但長梧子是得道人，爲什麼說自己這樣說，也是在作夢？作夢的人評判別人在作夢，是無權利的，所以說這是矛盾語言，「其名爲弔詭」。主要是說，長梧子這樣說，就涉及了辯論，因爲當說你們在作夢，你們也可以反過來說我在作夢，這兩者同時成立。因爲長梧子涉及了辯論，而「大辯不言」。所以下面在辯論中到底「若勝我」，「我勝若」；甚至誰來評判，「吾誰使正之」，是「使同乎若者正之」，還是「同乎我者正之」，牽扯一大段話，糾纏不清。辯論牽涉到立場的問題，要用「天倪」調和。

「何謂和之以天倪？曰：是不是，然不然。是若果是也，則是之異乎不是也亦無辯；然若果然也，則然之異乎不然也亦無辯。化聲之相待，若其不相待。和之以天倪，因之以曼衍，所以窮年也。忘年望義，振於無竟，故寓諸無竟。」對事物的談論，總涉及辯論，要用「天倪」來調和。辯論總牽涉是非，是要果眞是是，是之所以與不是的差異是無法辯論的，猶如這個樣子要果眞是這個樣子，這個樣子之所以與不是這個樣子的差異也無法辯論。何以故？你只知道是，你不知道不是；你只知道這個樣子，你不知道不是這個樣子的情況。是與然是極其有限的，正如前說「自彼則不見，自知則知之。」從他者的立場就看不見我，自己知道的只有自己知道。是非是形成彼與是的對立。這些都好像變化的聲音，像此起彼落成爲互相依待的條件，好像彼此是不互相依待的條件一樣。爲什麼要有對立呢？爲什麼要有是非呢？要用天然的端倪來調和，那就是自我意識的「是」與自持己見的「然」，這些概念的區分與辯解都要通過否定的方式，這些非自我意識的「不是」與非自持己見的「不然」，是比「是」與「然」更廣大無邊的領域，只有脫離自我意識與自持己見，才能回歸萬物混沌之道。所以「不」是動詞的否定用法，是要「不是」，然要「不然」。所以用天然的端倪調和，才能無窮變化，來窮盡自己的歲月。如此脫離自我意識與自持己見，振發於無窮的領域當中，我才能把自己寄託在無窮當中。成就自我意識就是是非的開端，如何脫離自我意識呢？

「罔兩問景曰：『曩子行，今子止；曩子坐，今子起；何其無特操與？』景曰『吾有待而然者邪？吾所待又有待而然者邪？吾待蛇蚹蜩翼邪？惡識所以然！惡識所以不然！』」鬼魅是沒有影子的，問影子說：「你剛才行動，現在停止；你剛才坐下，現在起來；你怎麼沒有特別的堅持呢？」影子回答說：「我是有所依待（於形？）而成爲這個樣子嗎？我所依待的（形）又有所依待而成爲這個樣子嗎？我是依待蛇皮蟬翼嗎？我怎麼知道爲什麼是這個樣子，又怎麼知道爲什麼不是這個樣子？」影子的命運是超乎認知的，說它依待於形而如此，那麼形又依待什麼？這樣好像形成因果串系，認知就是要追索因果串系，這樣追索下去是無止盡的，所以用句調侃的話，影子在陽光下面透明得好像蛇皮蟬翼，難道影子是依待蛇皮蟬翼作爲終極條件嗎？命運是超乎認知的，因果條件的無窮串系與第一因必須停止。停止在哪裡？停止在命運。爲什麼是這個樣子，或（如罔兩所期待的）爲什麼不是這個樣子，全都超乎認知。命運如此，就是如此，影子「天然如此」，脫離以人類爲中心的自我意識，用非人的鬼魅甚至非生命的影子來對話，眞是莊子的匠心，這樣自然脫離自以爲是的自持己見了。影子沒有「自我意識」，命運是超乎認識的，所以它也不會自以爲是。如果生命是一場大夢，我們在生命中會不會像罔兩和影子一樣行走？會不會像影子一樣，認定這天然而然的天倪，是超過自我意識的認知呢？

那麼再回到夢的問題，夢中是我還是非我？「昔者莊周夢爲胡蝶，栩栩然胡蝶也，自喻適志與！不知周也。俄然覺，則蘧蘧然周也。不知周之夢爲胡蝶與，胡蝶之夢爲周與？周與胡蝶必有分矣。此之謂物化。」莊子夢中化爲蝴蝶，是適合他的志向的，可以輕盈的羽翼飛翔，臨風輕舉。在夢中時是蝴蝶，不知自己是莊子。夢中醒來，又是莊子，但回憶夢中，是莊子夢中化爲蝴蝶，還是蝴蝶夢中化爲莊子已經無法分清。夢是物化的條件，只有在夢中，脫離沉重的自我意識，莊子可以化爲蝴蝶。換言之，夢可以達至南郭子綦的「吾喪我」。「在符號性現實中，他是莊子；但在其欲望的實在界中，他是一隻蝴蝶。成爲一隻蝴蝶是其超越符號網絡的實證存在的全部一致性之所在。」[35] 夢所代表的，是莊子欲望的實在界。所以夢中已無法分清莊子夢蝶還是蝶夢莊子。夢的離其自己，與白日的成心、機心完全不同，夢是物化的通路。正是這樣的大夢，才有大覺醒。雖然莊子與蝴蝶的形體必有分際，但物化正是意識的離其自己，參與萬物無窮的變化。選擇了蝴蝶來變化，因蝴蝶正是臨風而化。這好像道家莊子已達到混沌的氣化，這裡遙相呼應天籟的「咸其自取」，意識的離其自己才回歸自己，參與萬物無窮的變化。「只有自我遺忘提供到了眞理的序曲，……遺忘社會決定的角色，尼采描繪這過程，實際上是狂喜(ectasy)或『走出自己』古老原則的世俗化」[36] 自我意識由社會意識決定，成爲社會要你所扮演的角色，也就是由一套成心所決定。「自我遺忘」才能走出自己，這正是「吾喪我」所昭示的，莊子提出了「夢」，可以瓦解社會性建構主體(是)的自我意識，夢提供了物化的條件，物化正是主體的解構。尼采也同樣提及夢在阿波羅

「藝術」所扮演的角色，重要的不是阿波羅代表的理性精神，反倒是使理性精神得以超越的藝術。無論如何，更重要的，是夢之後「有大覺而後知此大夢」。大的覺醒，才是使物化眞正可能，這才眞的是天籟。

注釋

1 趙衛民，《莊子的道》（台北：文史哲，1997），頁九九—一〇一、一六三—一六八。

2 Martin Heidegger, *Poetry, Language, Thought*, trans. by albert Hofstader (New York: Harper & Row, 1975), p. 169.

3 Ibid., p. 172.

4 米歇爾·塞爾，《萬物本原》，蒲北溟譯（北京：三聯，一九九六），頁一四七。

5 郭慶藩輯，《莊子集釋》（台北：河洛，一九七四），頁五〇。

6 這兩處郭象注俱見註5，頁五六。

7 王夫之，《莊子通·莊子解》（台北：里仁，一九八四），頁一五。

8 牟宗三，《莊子〈齊物論〉義理演析》，陶國璋整構（香港：中華，一九九八），頁三三、三四。

9 Gilles Deleuze, *Anti-Oedipus*, trans. by Robert Hurley, Mark Seem and Helen R. Lane (USA: the Univ. of Minnesota, 1993), pp. 1-2.

10 羅貴祥，《德勒茲》（台北：東大，一九九七），頁九七。

11 同注7，頁一五。

12 陳壽昌輯，《南華真經正義》（台北：新天地，一九七二），頁二二。

13 轉引自Allan Megill, *Prophet of Extremity*（USA: the Univ. of California, 1985）, p. 51.

14 Gayatri Chakravorty Spivak, translator's Pref. of Jacques Derrida's, *Of Grammatology*（Baltimore: John Hopkins Univ., 1974）, p. xxix.

15 Jacques Derrida, *Margins of Philosophy*, trans. by Alan Bass（USA: the Univ. of Chicago, 1982）, p. 10.

16 Jacques Derrida, *Margins of Philosophy*, trans. by Alan Bass（USA: the Univ. of Chicago, 1982）, p. 9.

17 我是順莊子意直解公孫龍句，其他討論可見牟宗三，《名家與荀子‧序》（台北：學生，一九八二），頁四。

18 牟宗三，《名家與荀子‧序》（台北：學生，一九八二），頁二二〇。

19 此處解釋與我前書異，參考《莊子的道》，頁一四五。

20 我將「可乎可，不可乎不可」一句，放在與「道行之而成」的關聯說，這樣解釋可通，就不必改動順序。改動順序，將「可乎可，不可乎不可」放在「道行之而成，物謂之而然」後，文意反而模糊。參黃錦鋐，《新譯莊子讀本》（台北：三民，一九七四），頁六九。

21 錢穆，《中國思想史》（台北：學生，一九八〇），頁四二。

22 Friedrich Nietzsche, *The Will to Power*, trans. by walter Kaufman (New York, Random House, 1967）, pp. 272-273.

23 同注5，頁七六。

24 郭象及王船山皆作「圖」字，杆格不通。黃綿鋐以為同「鄙」字。看成玄英疏之大意，是較可接受的。參黃錦鋐，《新譯莊子讀本》（台北：三民，一九七四），頁六九。

25 同注5，頁七八。

26 Martin Heidegger, *On Time and Being*, trans. by Toam Stambough（New York: Harper and Row, 1972）, p. 19.

27 Martin Heidegger, *The Essence fo Reason*, trans. by Terrence Malick（USA: Northwestern Univ., 1969）, p. xi.

28 Gianni Vattimo, *The End of Modernity*, trans. by John R. Synder (USA: Pollity, 1988), p. 69.

29 同注12，頁三一。

30 約翰・雷契，《敲開智者的腦袋》，吳瓊等譯（北京：新華，二〇〇二），頁二五五—二五六。

31 同注5，頁八七。

32 同注5，頁一〇一。

33 Martin Heidegger, *On Time and Being*, trans. by Toam Stambough(New York: Harper and Row, 1972), p. 19.

34 Martin Heidegger, *Poetry, Language, Thought*, trans. by albert Hofstader (New York: Harper & Row, 1975), p. 179.

35 斯拉沃熱・齊澤克，《意識型態的崇高客體》，季廣茂譯（北京：中央編譯，二〇〇二），頁六七。

36 Julian Roberts, *German Philosophy*, p. 218.

第四章

技藝與養神——釋〈養生主〉

莊子〈養生主〉是他技術哲學的展現。人在日常生活中均需依賴謀生的技術，這技術均需以我們的身體爲基礎，尤其是手操持著工具來完成。如此，手或身體的感覺，成爲我們操持工具的基礎。這就是我們身體—思維的知覺活動。換言之，它是不同於腦—思維的知覺活動。

莊子以殺牛這血淋淋的活動所展示的，是儒家道德經驗的否定，這種「爲惡」是日常生活謀生活動。而「庖丁解牛」所展示的技藝之道，卻是要說明一切哲學的基本問題——人與物如何眞實相遇！也就是在這樣的事件中顯示自然的活動，自然的力量如何在其中起作用。重要的，是說明「技藝之道」如何能啓示「養生之道」。莊子認爲人生是一艱難的過程，必經歷錯誤與失敗，以殘缺的腳來表示人是有缺陷的存有物，既已犯了過失，只有安之若命，那就是自己的命運。故人不能志得意滿，一切力量來自於道。這樣在向死的生命歷程中，就不會產生好生惡死的哀樂之感。只有「安時而處順」，隨順著時間的變化而變化。

〈齊物論〉展示莊子的語言哲學，而歸結爲對言語的否定的「大道不稱」或「不道之道」，這顯示語言之道與言語有一根本的斷裂，日常言語被否定。這也是莊子爲何將語言之道歸結爲「不言之辯，不道之道」的「天府」或韜光養晦、收斂光芒的「葆光」了。甚至歸爲夢，反日常言語的。「葆光」與道家的養生有直接關聯，道家是晦暗哲學，不顯精采。「葆光」就「可以保身，可以全生。」

〈養生主〉卻欲展示莊子的技術哲學，尤其是由技入道。由道的角度出發，語言顯現出手藝的力量，或是從寓言，濃縮的事件，或是從重言，歷史人物擺脫常規的說教，或是從卮言，沉醉的語言，都表現了快速變換的場景和運筆的快節奏。在我們的日常生活中，每人都從事日常謀生的技術活動，技術—經驗似爲比儒家的道德經驗更有普遍性，對道家而言，我們的日常生活就由技術—事件支配著，人們所賴以謀生的各式各樣不同的技術，也就是差異之道，才顯出廣大之道。而由道的角度看，似乎也要否定技術—常規，而與其有一斷裂，才能顯出技藝之道。這種否定或斷裂，正是由有入無的關鍵。然而，特定的一種技藝，也只是一種特定的技藝，這是說，將大道局限於一種特定的技藝中了，當然不合於廣大之道，故而莊子風格「隨說隨掃」的「掃」正是否定，由否定而有提升。「庖丁解牛」的特定技藝之道，也是要通過特定技藝的否定而提升，成爲養生之道。

一、善與惡

〈養生主〉的題旨何所指？莊子在第一段就指出此篇的要義在：「可以保身，可以全生。」即是可以保護自己的身體(不受毀傷)，可以保全生命。

這樣回過頭看，就分成兩段。

第一段：「吾生也有涯，而知也無涯。以有涯隨無涯，殆已；已而爲知者，殆而已矣。」說明的是「生」與「知」的關係，結論是「知」使「生」殆已，這樣的「知」不是眞知，不可「已而爲知」，否則「殆而已矣」。對「知」作一否定，當然是「生」與「知」的不相稱，生命是有限期的，而「知」是無盡涯的，這樣的「知」不指知識的「小知」還指什麼呢？〈逍遙遊〉中：「小知不及大知，小年不及大年」，小知指瑣碎的知識，大知是知「道」的眞知，小年是「吾生也有涯」，大年則通過「保身全生」，要指向道家聖人了。所以「小知」指的是尼采所指責的「刺蝟的智慧」，精明苛察，在小事上斤斤計較，自以爲聰明。這樣的知，不可「已而爲知」。

第二段：「爲善無近名，爲惡無近刑。緣督以爲經，可以保身，可以全生，可以養親，可以盡年。」把知識的知，轉到生命中的實踐——「爲」上來，「知」使人「殆」，浪費精神、心思疲困。那麼怎樣去「爲」呢？莊子提出的答案是「爲善無近名，爲惡無近刑。」這兩個「無」字，要把心思一轉，甚至一反轉。表示我們在日常社會中所見的常情是「為善近名」、「為惡近刑」，善與惡的價值標準是一定的，循名責實，善者有其美名，惡者受法律的制裁。莊子看來要打破善惡價值的標榜，這些是既定的價值，要被否定。換言之，不能為名而為善，也不能為惡而受到法律的處罰。前者如老子的「道隱無名」，是道家思路，「名」代表的是一套社會的機制，一「近名」就受到這套機制的羈絆，就「社會化」了，不自然。那麼後者呢？那麼「為惡」是不是鑽法律漏洞呢？「名」與「禮法」均屬一套社會機制，把「法」推至極端，就是「竊鉤者誅，竊國者為諸侯」了。故為善是在名「以外」，為善不欲人知；為惡是在法「以外」，不能遭受法律的制裁。對人性之惡，被法律所禁制的惡，看來抱以同情的眼光。督脈必定是氣化之脈，依氣化活動或自我虛化，可以相應於常道，這是道家保存生命的主要活動，可以過完自己自然的年壽。

莊子以殺牛這血淋淋的過程，展現「為惡」。「怎麼」殺牛，亦可以屬於道家生活的實踐——知道如何去做。如果比較老子：「善行無轍跡，善言無瑕讁，善數不用籌冊，善閉而無關楗不可開，善結無繩約而不可解。」〈二十七章〉，可以看出「為善無近名」可以相對於「善行無轍跡」，而在老子的語脈中，「善行」亦不只是良善的行為，相對於後文中的「是以聖人常善救人，故無棄人，常善救物，故無棄物，是謂襲明。」其中「常善」或可以說明老子的「常德不離」，但又似不僅此，而有常常「善於」救人、救物的意思。故文中以「善救」、「善閉」、「善結」做引申。為善或為惡，都可以用「善於」的意思來引申，老子是這樣，莊子亦如此。老子另外又說：

「善爲士者不武，善戰者不怒。」〈六十八章〉其中的「善」字，有善於、精通的意思。如果按照日常生活的實用而言，「數」用「籌策」（計算的工具），「閉」有「關楗」（開門、關門的設備），「結」有「繩約」（有結可解）。而技術在精通到達一個層次後，與日常生活的實用到達了一種分裂，或是不用工具，或是超越了物的形跡，無跡可尋。這樣的「善」字，就有藝術的境界。「善行」和「善言」是就實踐的智慧來說的；倫理的言、行，老子是類比於日常生活實用的言、行來說，達到了倫理上的良善，也就好像是精通於實踐似的：良善的行爲不留下痕跡，美好的言語沒有過失可以指責。「常善救人，常善救物」就是「善行」，這也是與日常生活實用的操作有一分裂。乃至於「士者武」、「戰者怒」甚至殺紅了眼，這都是在日常生活實用的操作，但精通爲士或作戰的技術的人，都能保持心態鎮靜或平靜，脫離日常生活實用的操作。

二、技藝之道

就老子的意思來說，無論行爲、言語、數或計算、閉、結繩約，武或戰均可視爲日常生活的各種操作，一旦達到精通的層次，就可以超越物的形跡，對老子來說，這均可以包括入聖人的「襲明」。什麼叫「襲明」呢？我把它解爲「闖入光明」，就是闖入道的亮光之中[1]：從技術提升爲藝術，可以闖入道的亮光之中。

有趣的是，要闖入道的亮光之中，包含著一種人與物關係的改變。「籌策」是計算工具，「關楗」是開關裝置，「繩約」是繩結。在日常生活操作中，我們使用工具或裝置、設備，一旦你非常善於、精通某種操作技術，提升到藝術層次，與日常生活實用操作有一決裂的態度，可以超越工具的形跡，當人用工具處理事務時，工具或裝備的介入，甚至有時被取消，而產生人與物的直接相遇。也是超越了物的形跡的。這就是闖入了道的光亮。

希臘字 technē 近乎手藝，是善於做某事，有一種不平常或專門的能力，它涉及如何去達到特定的目的[2]。哲學家海德格(Martin Heidgger, 1889-1976)以希臘文的兩種涵義來區分技術與技巧(技藝)，技術是「意謂完全地熟悉某物，去了解和成爲專家，這一認知提供了開放，作爲開放，它是一顯露」，技巧是「顯露了並不把自己帶出來和不躺在我們眼前的……決定的一點也不在於製造或控制，也不在於手段的使用，而在前述的顯露。」[3]技術是建立在對手邊事物的「熟悉性」，視手邊事物爲可處理的，視事物爲「製造或控制」是在一使用的方式下成爲專家。但技巧(技藝)卻是以技術的認知所提供的基礎，造成一「斷裂」，建立在手邊事物的陌生性，亦即是要把事物的不顯著性帶出來，換言之，要顯露眞正的物性，並回應於它本性的富饒。

「眞正的做家具者……使它回答和回應於不同的木材和沉睡在木頭中的型態——回應於木頭，使它帶者它本性所隱藏的富饒而進入人居住中。事實上，這與木頭的關聯性維持了整個技藝。」[4]

「做家具」是技術，但「眞正的做家具者」需要技藝，這技藝在人物關係上觀點的改變，是與日常生活實用的斷裂，回應於物性，相應於「它本性隱藏的富饒」。對海德格來說，這是與存有相關的。

海德洛是以技巧或技藝是達到與「自然」或物的本質相通的層次。自然作爲物的自我顯露，正是存有(道家的說法是「道」)的活動；「對存有『如何』活動」，自然(physis)是個基本字」[5]。存有「如何」在物中活動，正是「它本性所隱藏的富饒」。技巧或技藝之顯露物之成爲物，正是回應於物自本性所隱藏的富饒中自我顯露。「爲一呈現的創造性發生，需要自然在其『壓倒性的力量中與活動的暴烈、力量的揮舞者，能於 technē 的人交互作用』[6]」。強調自然的壓倒性力量，是存有本身的壓倒性力量。但能於 technē 的人(正是藝術家而不是工匠)，在技巧或技藝中與存有本身的壓倒性力量交互作用，無非是回應於物的本質化活動及存有的活動的。強調技巧或技藝是「活動的猛烈、力量的揮舞者」，只是相應於物在自我顯露中存有活動的壓倒性力量，只是技巧或技藝「如何」相應於在物中存有活動的「艱難」。

三、庖丁解牛

由上述了解，我們可以進而理解，「庖丁解牛」這個寓言。庖丁是個廚子，在廚役的日常傑作中藉以謀生；這日常操作就成爲一事件，技術所涉及的是處理事物的問題，根本上，涉及了人與物如何相遇的哲學基本問題。「『物』的狹義或限制義是那被觸摸、觸及或看到，即那在手邊呈現(present-at-hand)。在這詞的廣義上，『物』是每一個事物或處理，在這個或那個情況，物在世界裡發生——發生或事件。」[7] 技術問題涉及的是世界上的基本事件，這就是日常操作。

莊子首先描述的是庖丁在解牛過程中的身體活動，而不是心靈活動。「庖丁爲文惠君解牛，手之所觸，肩之所倚，足之所履，膝之所踦，砉然嚮然，奏刀騞然，莫不中音，合於桑林之舞，乃中經首之會。」職業的身分構成了日常操作的事物，手、肩、足、膝莫不是身體活動，身體活動其實是一種暴烈的、猛烈的活動，觸、倚、履、踦都是「力量的揮舞」，動作的快與慢相應於解牛過程中的艱難，配合牛骨與肉相分離的聲音，進刀的聲音，莫不合乎音節，合於桑林的祭祀之舞。身體的活動，在力量的揮舞中，有節奏，如舞蹈。「在新年佳節，當一頭閹牛幸運地被國王用來祭祀時，國王就站在一邊，並祈禱謝恩……在很多情況下，國王不只是被當成祭司，即作爲人與神之間的聯繫人而受到尊崇，而是被當作爲神靈。」[8] 我們當然無法知道文惠君是否在舉行祭祀活動，在林中空地舉行祭祀桑樹神的國家大典，但爲文惠君的尊崇身分比擬作爲神靈的身分，宰牛的活動有如獻祭犧牲給國君，是可以想見的。一場血淋淋的宰牛的日常操作，就被比擬爲莊嚴的祭祀的舞蹈了。這就是由日常技術到技藝的轉變。難怪文惠君讚歎說道：「技術怎麼能達到這種境界？」（技蓋至此乎？）

庖丁把刀放下，說：「我所喜好的道，超過了技術的層次。」（臣之所好者道也，進乎技矣。）

因此以下，他要說明的是道與技的分別。

庖丁從開始宰牛的過程說起，一般也視爲由技入道的過程。「始臣之解牛之時，所見無非牛者，三年之後，未嘗見全牛也。方今之時，臣以神遇，不以目視，官知止而神欲行。依乎天理，批大郤，導大窾，因其固然。技經肯綮之未嘗，而況大軱乎；良庖歲更刀，割也；族庖月更刀，折也。今臣之刀十九年矣，所解數千牛矣，而刀刃若新發於硎。彼節者有閒，而刀刃者無厚，以無厚入有閒，恢恢乎其於遊刃必有餘地矣，是以十九年而刀刃若新發於硎。」

宰牛是日常謀生的實用操作，刀是宰牛所使用的工具。剛開始宰牛的時候，庖丁所見的無非是牛的形體（所見無非牛者）。當手使用工具時，手有其特殊的感覺，有其特殊的「見」，這是「手之所觸」，而腳所踩踏的、膝蓋所倚壓的、肩膀所倚靠的，所倚賴的無非是「軀體的知覺」。對物的知覺也是以軀體知覺爲基礎，不過不能停留在這層次上。因爲即使日常實用的操作（宰牛）和日常實用的技術（「會」宰牛）也以軀體的知覺爲基礎，雖然莊子在此描繪的是在宰牛的藝術境界這層次。

用眼睛看（目視）與運用各種感官的知覺（官知），對所要處理的物有一控制，在與物的「相遇」上是視牛爲可以處理的。工具（刀）只是爲了達到宰牛的目的。所以一般的廚子（族庖）每月換一把刀，因爲刀砍及牛骨頭，刀刃易折，好的廚子（良庖）用刀割肉，一年換一把刀。「割」字另或亦可做北方土言之「豁」字，即「刀刃傷缺」之意[9]。在日常生活實用的層次上已有一般的和較好的技術之區分。差別在於好的廚子在物形之間會避免碰觸牛骨，所以用「割」。好廚子在技術的層次上是對牛的形體較為熟悉，軀體的知覺也提供了基礎，在三年後，「未嘗見全牛」時已成了「良庖」，從「斫」到「割」。

軀體的知覺所提供的，只是熟悉物的形體，但要由技入道，對物的態度就有了改變，是要將物中所隱藏的豐饒帶出來。物不僅是物的形體，物的形體正是自物隱蔽的、豐饒的狀態中自我顯露出來，庖丁視牛有一「本性的富饒」。物再也不是如日常生活中那種可以處理、支配的事物，在物中有道的活動。當庖丁到達藝術的層次，才與物（牛）有一眞正的相遇，以神來相遇，而不是僅依憑眼睛注視牛的形體，這時候似乎感官知覺停止（官知止），而「神」好像要開始活動。

依照在物之中道的活動開始之處（依乎天理），奏刀進入筋骨之間的「空隙」（「批大郤」），依其成形之前的狀態（因其固然），引刀進入骨節「中空」之處（「導大窾」）[10]，這都是進入物（牛的形體）的虛處。工具（宰牛的工具）要自牛之虛處開始進行，而刀刃本身是沒有厚度的，以沒有厚度的進入有空隙的地方（「以無厚入有閒」），這樣遊動刀刃必有很大的空間了（「恢恢乎其於遊刃必有餘地矣」）。

刀刃的進行，既不經過經絡相連與筋骨盤結的地方（技經、肯綮），又何況是經過大骨頭呢（大軱）。所以用刀用了十九年，還像從磨刀石上新磨出來的（若新發於硎）。

為明以上關係，試以一表明之：

始	三年之後	入道後（至今十九年）
族庖	良庖	庖丁
日常操作	專門技術	技藝
月更刀	歲更刀	刀刃若新
牛形	局部肌理	節者有閒
折（砍骨）	割（肉）	遊刃有餘

在時間上的過程，由「始」至「三年後」在時間上是連續的，是在日常操作到專門技術上熟練的過程。但由「三年之後」到「方今之時」（入道後）在時間上有一斷裂，並不知經歷多久時間，由「局部肌理」（仍是有形），到「節者有閒」（無形，即形體中的空虛）也有一斷裂，是有形到無形的過程。落實說，這種斷裂並不是可以一躍而過的，必定是一艱難的過程。莊子並沒有回溯性地展現這種艱難。錯誤必扎根於經驗中，眞理是遲到的眞理。莊子僅在下文中展示「吾見其難爲」的過程，要小心謹慎地處理。

「雖然，每至於族，吾見其難爲，怵然爲戒，視爲止，行爲遲。動刀甚微，謋然已解，如土委地。提刀而立，爲之躊躇滿志，善刀而藏之。」目視所遇的物是在物形的層次，只停留在技術層面。在實用技術層面上，人依賴軀體的知覺與物相遇，畢竟爲技藝層面的顯露物理（依乎天理）提供了基礎。故「手之所觸、肩之所倚，足之所履、膝之所踦（壓）」的宰牛「動作」莫不是官知與神相應而行，而不心猿意馬。即使是如此，每到筋肉聚結的地方（族），這正是氣化初成形處，就不是對物形的熟悉所能應付的，所以這時候物的氣化正是物的差異化，也即是一種陌生化，庖丁視其為難以處理的（難為），心中警惕（怵然為戒），這時順著脈絡的空隙謹慎奏刀，感官知覺停止（視為止）行動緩慢，動刀很微妙（動刀甚微），要進入物所隱藏的富饒，正在於物之虛處，物之氣化處。一旦解析開筋結（謋然已解），牛如土塊一樣委落。也就是在物之氣化未成形處進刀，物的形體也謋然崩解。一場宰牛的血腥之事，在有手藝的庖丁之刀下，牛骨與肉相分離的聲音（砉然嚮然），進刀的聲音（奏刀騞然），莫不合乎音節的節奏（莫不中音），復如舞蹈（合乎桑林之舞），宰牛已到完全藝術的境界。

庖丁對待刀的態度，也並非僅是為處理事物，達成目的的工具，刀刃的無厚正是相應於物之虛，這是「工具之道」，所以他把刀擦拭好而收起來（善刀而藏之），不是平常視工具為處理完事物以後就無用的工具。刀已成為「神」的延長，遊於物之虛。

技藝所達到的境界就是道的境界，這裡才有人與物真實的相遇。當人對物不再視之為呈受的物形，而視為道的活動，人亦因此而了解自己，畢竟「所好者道也」。庖丁在技術層次上軀體的知覺，提供了在技藝層次上「去顯露物所隱藏的富饒」之基礎。「官知止」是感官知覺無所於物形以上道的活動的層次，這時候人的氣化活動（神），是人所受於道，相當於老子「玄德」的層次，是介於道與德之間的層次，在感官知覺以上的層次，開始要活動。人的氣化，運用無厚的刀刃，遊於牛骨節中空的地方，也正是物之虛處，物之氣化處，道即氣化。王夫之以意解之曰：「行止皆神也，而官自應之。」[11] 感官相應乎神的活動，人的氣化(即神)與物之虛相遇，這才是人與物眞實的相遇。莊子居然以宰牛這樣的血腥活動，說明人與物眞實的相遇，這也是驚心動魄的事件，可以說明道家的藝術觀。

四、養生

文惠君曰：「善哉，吾聞庖丁之言，得養生焉。」文惠君由庖丁宰牛，獲得了養生的啓示。此篇篇名〈養生主〉，王夫之認爲「生主即神」也，那麼養生即是養神。當然依字直解，是要說明「養生最主要的事」也未嘗不可，不過依王夫之解較是。這裡不僅是藝術，即使人間的倫理行爲，也是人神(氣化)遊於人之虛(也是氣化)，這種遊戲的態度，就是不與人較鋒芒，顯利害，不與人相爭，硬碰硬的方式。道家道德顯然與儒家道德是有所不同，不過這並非本文重點了。

進一步可說的是：雖然庖丁展示了技藝之道，但他「提刀而立，爲之躊躇滿志」這種志得意滿的狀態，又不合莊子喪我、忘我的眞理觀，僅能是「(大)道隱於小成」的小成之道。很明顯的，文惠君所悟得的養生才是大成之道。

那麼可以追問的是：技藝與養生有什麼關係？文惠君所悟得的，是一種不同質的類比關係，致有從技藝到養生的一異質的跳躍，還是養生也與技藝一樣扎根在技術當中？如果說技術處理與物的關係，是人在世界中生活的基礎，那麼這物也包含人；相同的，技術也處理與人的關係，當技術轉變爲技藝時，就成爲養生了。

在這裡直接說明的人與物的關係，對我們了解藝術是重要的。庖丁雖以宰牛爲業，這是他日常謀生的職業，本來宰牛的目的僅在於牛肉，或砍或割，都僅是取牛肉的手段，這是日常生活對物利用的態度。而庖丁由技入道，是要了解道，亦即了解道在萬物中的活動，當然在技藝層次上就有相應的眼界，所謂「以神遇，不以目視」。人與物的這種關係，基本上是由物形轉開，將我們引領到道在物中的活動。這是氣化，亦即一種動力，超越物的形跡，即也在於「物之虛」。我們平日所講自然，與萬物是一體的兩面，總曰自然，落實講是萬物，這自然其實也正如海德格所講的physis一樣，指的是道在物中的活動，故自然含有萬物本性的富饒。道家所講的自然，是比一般在修養心境上說「自然無爲」有更積極的含義。自然是道的同義辭，指的是道的活動。

養生即養神，氣化即神。而氣化即通過喪我、忘我所展示者，就不可再說是內在的活動。故「官知止，神欲行」，也是通過喪我、忘我所展示的向外的活動，「官知止」即〈大宗師〉中的「墮肢體，黜聰明」。我通過氣化活動，即喪我、忘我，可入於物之虛，這也是物的氣化活動，故「我」與物的相遇，也只是一氣之化。神遊於物之虛。

五、養神

「即虛生氣，即氣化神」是莊子哲學的總綱，而「神」是內在活動。刀是庖丁謀生的工具，是神的延長，是在人的外部活動。「人類發明、發現、找到。『想像』並實現它想像的事物：代具、謀生之道。代具放在人的前面，這就是說：它在人之外，面對面地在外，然而，如果一個外在的東西構成它所面對的存有本身，那麼這個存有就是存有於自身之外，人類的存有就是在自身之外的存有。」[12] 代具即工具，人所賴以謀生，這是日常謀生的技術。人類之道，是在自身之外之道。當技術轉爲技藝時，工具即神的延長，游於物之虛。換言之，不再是功利活動，不再只是達到目標的手段而已。

前面說由技入道必有一艱難的過程，必經歷錯誤與失敗，而莊子並未回溯性地展示。如回溯性地展示，必展現經驗的歷程，莊子僅從入道後宰牛時的「吾見其難爲」來提示。但錯誤與失敗並非不存在，莊子僅由肢體上的殘缺來表示人是有缺陷的存有。

公文軒見到右師殘缺，驚訝地說：「惡乎介也？天與，其人與？」就是說，怎麼只有一隻腳呢？是天然的，還是人爲的？答案是「天也，非人也，天之生是使獨也。」天生的就是獨腳。人的存有是有缺陷的存有，在〈德充符〉中斷腳的申徒嘉說：「自狀其過，其不當亡者眾，不狀其過，以不當存者寡。」自己說自己的過失，以爲腳不該失去的人是很多的；不說自己的過失，以爲腳不應當存在的是很少的。人這種有缺陷的存有是由過失或犯錯來表現的，故「知不可奈何，而安之若命。」對已經犯的過失或錯誤，只好安心下來，好像自己的命運一樣。另外，同篇寓言中孔子稱道無趾「猶務學以補前行之惡。」就表示好好學習來彌補因輕忽而遭致失去腳趾的過失。

「澤雉」一段似乎在諷刺庖丁了。「澤雉十步一啄，百步一飲，不蘄畜乎樊中。神雖王，不善也。」在澤邊要十步才能一啄，百步才能一飲，畜養在樊籠中就不必。神雖王，好像庖丁仍由文惠君豢養似的，神氣雖然旺盛，好像志得意滿，只是安於籠中的小天地了。澤雉要在澤邊生活覓食，才合自然。

養生牽涉到面對死亡的態度，「必有不蘄言而言，不蘄哭而哭者。是遁天倍情，忘其所受，古者謂之遁天之刑。適來，夫子時也；適去，夫子順也。安時而處順，哀樂不能入也，古者謂之帝之懸解。」此文呼應本篇開端「吾生也有涯」以說明人是有限的存有。對人的死亡，原來不想說話的卻說了話，不想哭的卻哭了，是逃避天然違背了眞情，古人所謂逃避天然而遭受刑戮。來是時間的來到，要安心於時間的來到，去是時間的消逝，要順應時間的消逝，好生惡死的哀樂之感便不能侵入心中。這是古時候所謂解除了天帝給我們的倒懸之苦。這裡談到人與神的關係，不死的神，給會死的人類一種倒懸之苦。一般解法以帝爲天，如成玄英謂：「天然的解脫」[13]，與原句彆扭不順，雖然在意思上並未歧離。我以爲此必有其神話根源，暫以對比說明。「在《神譜》中存在著一個黃金時代，人和神同席而飲，這就意味著人類尚未降臨，因爲這個時代不發生任何事情，黃金時代是一個時間之前的時代，事情隨時間而來……人類起源說首先就是死亡說。」[14]人類的降臨就意味著時間有限性的來到，人類成爲「向死的存有」[15]，有了時間的有限性而有死亡。如何解去這種倒懸之苦呢？莊子給的答案是時間化，隨著時間而變化，那不過是時間的來到與消逝。把有限的時間時間化，氣化展開了時間化，「安時處順」是通過喪我、忘我而有的氣化之道。出神，神既在外在，哀樂又怎麼會入於內呢。

「指窮於爲薪，火傳也，不知其盡也。」一般有訓「指」爲「脂」者，是薪之事，本文認爲「指」即「指義」，莊子的確有此問題並未盡言，即〈養生主〉所說的一些材料，彷彿薪木的燃燒，很容易被窮盡，說道的材料很容易被窮盡的，但其中的精義像火種相傳，綿延久遠沒有盡頭。

正如前面所說，由技術到人生是同質的，甚至人生奠定在技術所展示的人與物的關係。由技術轉到技藝，莊子並未展示其錯誤與失敗，艱難必包含在這種異層的跳躍中。故而，養神也僅是技藝地展現領悟了人如何處世，人生必有其艱難，這即是下一篇〈人間世〉的題旨所在。

再更進一步說，如果莊子的養生是以「爲善无近名，爲惡無近刑」爲基礎，顯然的，其中善惡的道德觀正被人與物關係的倫理觀置換。在這裡人與物的關係中，即使是宰牛這樣一種日常操作，也含有由技術到技藝的轉變，在這種轉變中，呈現的是一種力量—關係。暴力的肢解牛體，成爲強力的，暴烈的進入人物關係共有的力量領域內，也即是道的領域中，在這領域中，人與物才有眞實的相遇。迴避掉的，是人對物的主宰、支配，而是進入人與物共有的力量—關係，物亦呈現其眞實本性。故而，這成爲養生的啓示，即「神遊於物之虛」。那麼，養生還不是養神嗎？

當善惡的道德觀被置換，也意味著對道德的先天知識被撤消。人與物的關係，種種可能的組合，必須通過經驗。「我們不具備關於組合之諸關係的先驗知識：必須通過實驗。」[16] 亦即是試驗，這都必須落實到體驗中。再一轉就是人生體驗，即〈人間世〉之意旨。

注釋

1 陳榮捷譯為"following the light(of Nature)"即「追隨自然的亮光」，「自然」的英譯為大寫，依道家，即指道了。*A Soure Book in Chinese Philosophy*, trans. by Wing-Tsit Chan (Princeton: Princeton Univ., 1973), p. 153.

2 Monore C. Beardsley, *Aesthetics* (New York: Randon House, 1996), p. 32.

3 Martin Heidegger, *The Question Concerning Technology*, trans. by W. Lovitt (New York: Harper & Row, 1977), p. 13.

4 Martin Heidegger, *What is Called Thinking*, trans. by Clen Gray (New york Harper & Row, 1968), p. 14.

5 Werner Marx, *Heidegger and the Tradition*, trans. by Theodore Kisiel (USA: North-Western Univ., 1971), p. 140.

6 Marx, p. 141.

7 Martin Heidegger, *What is a Thing?* trans. by Barton. Jr. and Vera Deutsch (Chicago: Henry Regnery, 1969), p. 5.

8 弗雷哲，《金枝》，徐育新等譯（北京：大眾文藝，一九九九），頁一七。

9 高亨，《莊子今箋》（台北：中華書局，一九七三），頁一八。

10 錢穆引崔譔說：「郤，間也。」又引司馬彪說：「窾，空也。」簡潔明瞭。見錢穆，《莊子纂箋》（台北：東大，一九八四），頁二五。

11 王夫之，《莊子通、莊子解》（台北：里仁，一九八四），頁三〇。

12 貝爾納·斯蒂格勒，《技術與時間》，裴程譯（南京：譯林，二〇〇〇），頁二七七。譯文中「存在」依台灣學界慣例改為「存有」。

13 郭慶藩輯，《莊子集釋》（台北：河洛，一九七四），頁一二九。

14 同注12，頁二一一。

15 海德格語，說人的此有是Being-toward-Death。

16 德勒茲，《斯賓諾莎的實踐哲學》，馮炳昆譯（北京：商務，二〇〇四），頁一四二。

第五章 生活的智慧——釋〈人間世〉

〈養生主〉以宰牛血淋淋的過程展現莊子的技術哲學，以宰牛之「惡」來說明道家爲保存、涵養生命的超越善與惡之道。「道隱於小成」（〈齊物論〉），庖丁解牛自日常專業技術入手，縱然技藝精妙絕倫，也只是小成之道。至於大成之道，就是面對錯綜複雜的人間現象，如何能精妙絕倫地直面人生，達到保存生命、涵養以處世的目標。庖丁暴烈地崩解牛體，但他首先面對的是牛的暴烈力量，雖然莊子著意於其精妙的「身體—技藝」過程，而迴避了去描述血腥過程，但延續到〈人間世〉的問題是：人如何應付暴力？如果是應付個別的暴力形態，老子已有很好的說明：「善爲士者不武」、「善戰者不怒」，必須善於武術和作戰。至於應付集團暴力（政治權力的形態），是〈人間世〉的一個重要主題。

〈人間世〉要展現的大成之道，面對政治權力的極端暴力，如何能精妙絕倫地應付。在變動不拘的生活世界裡，直面人生，必須有活的智慧，不是一成不變的生活模式。人間世界，生活亦即進入與人的力量關係中，把力量—關係推至極端，如何應付暴力就成爲道家的活智慧。〈人間世〉亦即實踐養生之試煉場，展示養生的實踐方法。換言之，〈逍遙遊〉中只有描述「肌膚若冰雪，綽約若處子」的神人，在〈人間世〉展示實踐工夫論。

活的智慧，是深刻的生活體驗所得到的智慧[1]。眞理是遲到的眞理，智慧是晚熟的智慧，只能是結論。眞理或智慧，當然是融入了道家的特殊實踐方式，借用〈應帝王〉的話說「體盡无窮，而游无朕」。對人生有無窮的體驗而優游於沒有朕兆、形跡的地方。這句話可表達〈人間世〉的總綱，但這是如何可能的呢？何謂生活體驗？似乎應該給予哲學的說明。如果比配於〈養生主〉中日常操作、專門技術、技藝的三層次，日常操作「習焉而不察」，自無待論，莊子似展示專門技術的規則，即說明何謂生活體驗，而更展示技藝，即生活的智慧。

現在面對的不是善於養生的文惠君，而是代表暴力的政治權力，可否施展解牛的「必殺絕技」呢？莊子顯然對於國家體制無論是由聖君或暴人統治，是持保留態度的。

一、道德與名實

顏淵想要拯救衛國，顯然是懷抱著文化理想。

「回聞衛君，其年壯，其行獨，輕用其國，而不見其過。輕用民死，死者以國量乎澤若焦。」衛君正值壯年，行爲專制獨裁，結果是輕率地濫用人民去送死，遍死溝野如草芥。衛君看不見自己的過失，什麼是過失呢？「所有對別人造成物質上的或精神上的損失，而且還有對他人的辱罵，就構成了對他人的過錯。」[2]濫用人民送死，這過失是很大的，顏淵如何讓衛君看見自己的過失呢？

孔子顯然不贊成顏淵，道德教化對於一個暴人是可能的嗎？「古之至人先存諸己，而後存諸人。所存與己者未定，何暇於暴人之所行？」古時候所謂的至人，道德修養是存之於自己，才能夠存之於別人。如果存之於自己的還不能確定，怎麼能讓暴人看見他自己的過失呢？爲什麼以顏淵的道德修養，還不能確定什麼「存之於自己」？

孔子提出道德修養艱難的問題，就是道德與名實的問題。「德蕩乎名，知出乎爭。名也者，相札者也；知也者爭之器者也。二者凶器，非所以盡行者也。且德厚信矼，未達人氣；名聞不爭，未達人心。而強以仁義繩墨之言術暴人之前者，是以人惡有其美也，命之曰菑人。菑人者，人必反菑之。」

道德爲什麼被名聲敗壞？儒家把道德視爲人類社會最高的價值，這道德理想的價值必要爭取別人的承認，「君子疾沒世而名不稱焉。」在死後名聲要相稱於他的道德理想。即使在世時不求名，道德求的是一生的名聲，就孔子而言，在世時，名聲是在道德「之外」的。那麼在世時，道德與美名俱有，如爲求美名而行道德，道德就被美名所敗壞。這是種「形象與自我的異化的話，我稱這種現象爲『物化』，形象的物化。」[3] 換言之，美名是道德的異化或物化。而「知」是由「聞」所規定，即所謂見多識廣的見聞之知。有美名的，彼此相傾軋，見聞的多少也產生了競爭。傅柯(Michel Foucalt, 1926-1984)認爲：「人們並不是爲了知識而認識，也不是爲了追求純粹眞理，而是爲了獲取權力，排除他者。」[4] 人間社會的爭端就由此開始，莊子把此二者視爲「凶器」，看來戰爭並非只如老子所說的：「佳兵者，不祥之器。」《老子・三十一章》是在戰場上。求美名，多見聞，不可以用來處身行事。如果道德純厚，信用實在，卻不通人情；不爭美名與多見聞，卻不解人心。強要以道德理想在暴人前面表現(術)的話，這是想要用道德理想約束盲目的衝動與暴力，人家就討厭你的美德，這是害人，害人的人必被人反來加害。這多少呼應老子：「代大匠斲者，希有不傷其手矣。」（《老子・七十四章》）

「若唯無詔，王公必將乘人而鬭其捷。而目將熒之，而色將平之，口將營之，容將形之，心且成之……若殆以不信厚言，必死於暴人之前矣！」你如果不說話而保持沈默，王公必欺壓你而騁其敏捷的才思。你的眼睛被眩惑，你的臉色和順了，你的口也揣摩衛君的心意，心裡就想成就他的意思。所以沉默無言還是不行，慢慢就變成順從衛君的心意了。如果衛君逐漸不信任你道德的提醒，你就會死在暴君之前了。如果一種擁有政治權力型態的暴力，卻又有敏捷的才思，光憑道德就很難處理其中複雜的糾葛了。

人間世就是人類的生活世界，生活體驗在生活世界中。如果把胡塞爾(Edmunt Husserl, 1859-1938)的思想定位在意識主體的意向性活動，很容易錯過他試圖闡述生活經驗的內在結構的企圖。「這裡對象是像它們出現那樣，這樣說，像它們在生活經驗的脈絡裡作用那樣。我們在我們的活動中所回應的並非『只是表象』，而是在經驗裡出現的實在。」[5] 意識到對象，對象就是在經驗裡出現的實在。衛君作爲一暴人，就如實地站在那裡，而被經驗到。那麼莊子如何構想這種具體經驗的呢？「爲了把握住本質，我們設想一具體經驗，然後在思想中使它變化，想在想像它在所有方面有效地修改。通過這些變化而不可改變的，是追問中心現象本質。」[6] 這種具體經驗是設想的，譬如說：可以經由對與嚴父相處的經驗出，揣摩與暴君相處的經驗，再設想各種可能的變化，通過這種變化而不可改變的，是「經驗的模式(mode)」，一個有道德理想如顏淵與暴君相處各種可能的經驗中最本質的經驗。

且昔者桀殺關龍逢，紂殺王子比干，是皆修其身以下傴拊人之民，以下拂其上者也，故其君因其修以擠之，是好名者也。且昔者堯攻叢枝、胥敖，禹攻有扈，國爲虛厲，身爲刑戮，其用兵不止，其求實無止。……名實者，聖人之所不能勝也，而況若乎！

桀、紂是暴君，關龍逢和王子比干都修養德性，未居君位而能愛護百姓，以下位觸犯君王而遭殺身之禍，這兩位暴君無實卻好名。但是堯和禹是聖君，攻打的叢枝、胥敖、有扈三小國，燒殺而成一片廢墟，國君也被刑戮，用兵不止，求「實」無已。這裡的實是什麼意思呢？傅柯說：「戰爭實際上是歷史話語眞理的子宮。『歷史話語眞理的子宮』的意思是：眞理或哲學或法律同使人相信的那樣相反，眞理或邏各斯在暴力停止的地方就不存在。」[7] 堯和禹已有聖名，故要求文明教化廣被之實，將三小國視爲野蠻，故征伐之，卻使其亡國。兩暴君是好名，兩聖君是已有美名（對莊子而言，可能他們的美名超過了道德理想），造成的一樣是殺戮。道德所隱含的暴力，已被明確的提出，莊子認爲儒家聖人所不能勝過的就是名實問題。莊子有沒有勝過的方法呢？其實在〈消遙遊〉中，假託爲道家聖人的許由已說出「名者，實之賓也。」換言之，實爲主，不需要名，這節是說明「聖人無名」。老子說：「道常無名。」（《老子・第三十二章》）莊子自可說得道者「聖人無名」。

二、心齋

在這裡，出現了類似〈齊物論〉中南郭子綦的「喪我」功夫。

然則我內直而外曲，成而上比。內直者，與天為徒。與天為徒者，知天子之與己皆天之所子，而獨以己言蘄乎而人善之，蘄乎而人不善之邪？若然者，人謂之童子，是之謂與天為徒。外曲者，與人之為徒也。擎跽曲拳，人臣之禮也，人皆為之，吾敢不為邪，為人之所為者，人亦無疵焉，是之謂與人為徒。成而上比者，與古為徒。其言雖教，讁之實也。古之有也，非吾有也。若然者，雖直不為病，是之謂與古為徒。

顏淵想出向自然、向人、向古人的學習方式，看是否可與暴君相處。學自然，內心保持天然的正直，就認為國君和自己都是天的兒子，還求什麼人家稱道為善或指責不善的呢？這樣似可避開名的干擾。這樣的話，回復了天真的童子。學人，執笏、長跪、鞠躬都是人臣之禮，大家都這樣做，我也這樣做，人也不會指責我了，對人要表現得能變通。內外既成，就向古人學習，教化的言語，也實際是諷責他。古時人也是這樣，不是我獨有的。這樣，雖然保持正直，也不會被人怪罪了。顏淵分內、分外、分歷史，主要還是內心保持天然的正直，但對外是另一套，要有禮數，而教化的語言則是古已有之。主要在歷史文化的脈絡中試圖擺脫名的干擾，行人臣之禮，化己言爲古之教言，看能否行教化之實！

「太多政，法而不諜，雖固亦無罪。雖然，止是耳矣！夫胡可以及化！猶師心者也。」孔子批評他太多方法而沒有條理，也只能做到無罪，因爲他仍效法自己的成心。換言之，顏淵的天然的正直，在孔子看來仍是成心。內心保持的天然的正直，對外有禮數，卻假託古人之言，好像自己免於承擔話語指責暴君的重量。

保持在內的天然的正直就是成心，因爲它樹立了一套道德標準。傅柯說：「如此描述的『前概念』……不是呈現一個來自歷史深處並貫穿著歷史的範圍，恰恰相反，它是在最『表面』的層次上實際應用的規律整體……在我們提出的這種分析中，形成的規律不存在於『思想』或個體的意識中，而在於話語本身。因此，它們以一種統一的匿名形式，強加給所有試圖在這說話場中說話的個體身上。」[8]傅柯的意思是：說話的個體在「說話場」中所形成的話語，形成的規律是一種統一的匿名形式；不是我說，而是「我們說」。雖然傅柯所探討的「前概念」是當代的話語，不是來自歷史深處，但以莊子時代的「古人說」卻一直貫穿到當代，並且形成「我們說」。傅柯說不存在於「思想」，前概念是在概念以前發生；不在個體的意識中，因爲話語的規律不是個別的，而是共同的「說話場」。成心當然不是個別的，而是共同形成的價值標準，就有在於話語的規律中。

若一志，無聽之以耳而聽之以心，無聽之以心而聽之以氣！聽止於耳，心止於符。氣也者，虛而待物者也。唯道集虛，虛者心齋也。

這是孔子教顏淵「心齋」的妙道，心齋就是齋戒掉成心。若一志，只是「好像」專心一致的注意，其實並非如此。不要用耳朵(感覺器官)去傾聽，而是用心(專心一致)去傾聽，但用心去傾聽，也止於符合[9]。談話時用耳朵聽是閒談(idle talk)，在談話中所說的被理解，所談及的只是被近似地和表面地理解[10]，是日常談話。那麼用心聽，是意向性：胡塞爾……是去顯露意識的意向性洞見：我們的認知有一意識到某物的基本性格，在反省現象出現的是意向對象，我對它有思想、有知覺、有害怕等等[11]。意向性指向某物的意識，那麼是意識與意向對象的符合。但這樣的專心一致無法避免成心，「主體性並不包含偶然的特殊性，而也有一超級性的層次……(超越)主體作爲人格，包含了一些主體性層次。」[12]這正是孔子批評顏淵的「猶師心者也」，仍想行教化暴君之事。所以不要用心去傾聽，而用氣去傾聽。

孔子說要「虛而待物」，虛是虛其成心，虛其自己。心齋就是忘我、喪我，才能等待事物向我們顯現。「在斷片50中，logos和『傾聽』中的聯結是直接地表達了：『如果你聽到的不是我而是logos，那麼聰明的當然是說：一切是一。』」[13]這裡 losos 確然視爲某些可聽的。不是聽到說者的意向，而是聽到一，聽到道的聲音，那不是人爲的聲響，是萬物與我爲一的氣化之聲，恰正是實質的意向性所不是的。所以道集合於一片虛空當中。

如果把談話的三層次，比配於〈養生主〉中庖丁解牛的三層次，似乎有一對應。日常操作＝閒聊，專門技術＝意向性，技藝＝聽之以氣。那麼庖丁「臣以神遇」的「神」相當於氣化，文惠君的「養生」則相當於「心齋」了。即生見氣，即氣化神，仍是莊子哲學的總綱。

爲明〈人間世〉以上的概念關係，試以一表明之，並可與〈養生主〉的概念比較。

日常操作	專門技術	技藝
聽之以耳	聽之以心	聽之以氣
閒談	意向性	虛而待物
耳目	心知	物化
坐馳	師心	心齋
常人	儒家聖人	神人

由此可知，〈人間世〉是要展現神人的實踐工夫入路。〈養生主〉中，文惠君「得養生焉」是得到養生或養神的要旨。但在〈人間世〉中，卻表現出在暴君前如何養神的實踐工夫了。庖丁的神乎其技，對養神只是小成之道，如能在濁世中面對暴君，時有生殺之危，仍能養神，這就是神人。

若能入遊其樊而無感其名，入則鳴，不入則止。無門無毒，一宅而寓於不得已，則幾矣。絕跡易，無行地難。爲人使易以僞，爲天使難以僞。聞以有翼飛者矣，未聞以無翼飛者也；聞以有知知者矣，未聞以無知知者也。瞻彼闋者，虛室生白，吉祥止止。夫且不止，是之謂坐馳。夫徇耳目內通而外於心知，鬼神將來舍，而況人乎！是萬物之化也。

如果你能像遊戲一樣進去衛國，不要被名聲影響。如果進去了，就像鳥聲天然鳴叫一樣，不進去的話就停止。不要空門大開，給人毒害的餘地。不出門，應事是出於不得已，這樣就差不多了。人不留下形跡比較容易，只要不求名求利就可以做到；但不走路卻是困難的，容易遇到鋪天蓋地的刑戮。出自於人爲，容易產生虛假；出自於天然，就難產生虛假。聽說有翅膀的才能飛，沒有聽說過沒翅膀的也能飛。聽說有智慧的才能知道，沒聽說無智慧的也能知道。你看那空缺的地方，正如空虛的房間發出白光，吉祥就棲息在那地方。

「正見到是認知的本質，在『見到』中常有某些比視覺過程的完成更多的在作用……『見到是關聯到在場自己發光，見不是由眼睛，而是由存有的亮光決定……知識是存有的記憶，這是爲何記憶（女神）是謬思之母。』」[14] 知識是道的記憶，有智慧才能有知識，認知的本質正是見證到道，「見到」不是視覺感官的見到，而是道的出現，存有之光聚集在空虛的地方。如果心不保持虛靜，意念就向外飛馳，這叫「坐馳」。如果使耳朵、眼睛的感覺向內通達而離開心智的機巧，鬼神都來聚集，這是神秘化，何況是人呢？這是萬物的變化，即是物化。道即物化。「這凝聚、聚集，讓—停留是物的物化(thinging)，這天和地，必死者和神性統一的四元，停留在物的物化，我們稱『世界』。」[15]道凝聚在物化中，物化即天地，即自然，自然也是道的別名。天和地，凡人與得道者是統一的四元。物化，形成了世界，世界也世界化，即天地，即自然。

三、命運與義務

前文展現心齋之妙道，多少順承庖丁解牛之神乎其技，「玄談」與暴君相處之道，與道德教化對比。但如落實到日常生活實踐，又如何與事君的忠、事父的孝來對比呢？

葉公子高將出使齊國，任務繁重，而齊國官員對使者相當敬重，但辦事拖拖拉拉。出使事務艱難，內心焦熱。孔子說：「凡事若小若大，寡不道也懽成。事若不成，則必有人道之患；事若成，則必有陰陽之患。若成若不成而無後患者，唯有德者能之。」

凡事不管大小，很少不合道卻能歡喜成就的。事情若不成功，難免有刑罰之災，事情若成功，喜懼交集，也有成疾之災。不論成或不成，而無後來之災患者，只有得道的人吧！

> 天下有大戒二：其一，命也；其一，義也。子之事親命也，不可解於心；臣之事君，義也，

無適而非君也，無可逃於天地之間，是之謂大戒。是以夫事其親者，不擇地而安之，孝之至也；夫事其君者，不擇事而安之，忠之盛也。自事其心者，哀樂不易施乎前，知其不可奈何而安之若命，德之至也。為人臣子者，固有不得已，行事之情而忘其身，何暇於悅生而惡死。

道家的語脈，天地指自然，天下指社會、人間。我早已辨之[16]。此為義理的大關鍵，不可不察。道家批判儒家往往認定仁心是成心，禮義是外在的形式。禮不是從心而發，義也非社會正義。孝心被成心化了，便成為命運。所以兒子愛父親，是命運，這是心無法解開的牽繫；做臣子的事奉國君，這是義務，無論時地都以其君為主。無所逃逸於天地之間，此「天地」要由前面的天下為定準，這是大大要警戒的。所以事奉雙親的，不擇地也要安他的心，這是孝的極至。事奉君王的，不擇事也要安他的心，這是忠的極至。能避開社會的成心而自己修養的，就不易造成悲哀與快樂，知道無奈而把命運和義務安心地當作「自己的」命運和義務，這表示孝的命運和忠的義務不是屬己的命運。屬己的命運，只是屬己的德，唯道是依。為命運和義務行事而忘記安危，又那有閒暇去喜悅生命而討厭死亡。

人沒有不為人子、不為人臣的，人的命運和義務是不擇地而安親長的心和不擇事而安君王的心，人間顯得何等悽涼。看來對莊子，忠與孝是沒有內在價值的，只是外在的命運與義務。內在的，只有「德」，道家式的。

四、言語和行爲

在日常生活中，〈齊物論〉可說已將人的世界轉而爲語言——世界，一種語言學的轉向，神人實踐工夫的起點，當然在言語和行爲上。

人間生活的說話與行事，都有其艱難。「夫傳兩喜兩怒之言，天下之難者也。夫兩喜多溢美之言，兩怒必多溢惡之言，凡溢之類妄，妄則信之也莫，莫則傳言者殃。故法言曰：『傳其常情，無傳其溢言，則幾乎全。』且比巧鬪力者，始乎陽，卒於陰，大至則多奇巧；以禮飲酒者，始乎治，常卒乎亂，大至則多奇樂。凡事亦然。始乎諒，常卒乎鄙；其作始也簡，其將畢也巨。」在說話上，最艱難的是傳達兩人互相喜愛的言語和兩人互相厭惡的言語，前者必多溢美之言，後者必多溢惡之言。「兩怒必多溢惡之言」也可以與老子「和大怨必有餘怨」（《老子・七十九章》）相比較，不過莊子是「傳達兩人互相厭惡的言語，遭致災殃」；老子則是「調和兩人互相怨恨，遭致餘怨」。超出實情的話虛妄，虛妄則兩邊沒人信你，沒人信你則傳話的人就遭殃了。所以格言說：「要傳達平實的話，不要傳達虛妄的話，就多能保全自己。」

傳話是生活中的現象，在複雜的生活體驗中，一些重複出現的現象，在反省經驗中，被歸納爲一個模式。法言即格言，彷彿在提出一個生活實踐的模式：在互喜或互惡的兩人間如何傳話。「格言還有一種強化關係……體驗狀態在本質上不是主觀的，至少不能肯定是主觀的。而且它不是個人的。它是綿綿不斷的流動，是混亂的流動，肯定有一個聯結點和傳遞點。這潛藏於符碼之下，是對所有符碼的逃避。」[17] 格言有來自生活混亂的外部力量，不（或者不只）屬於個人主觀經驗，而是體驗到生活混亂中的一股能量流，與能量流扭纏時產生推進式的強化感，與另一體驗的強化感發生關係，強化感彼此的聯結點，逃避了國家、社會、文化的定形符碼化，它是混亂不定形的。

以巧勁爭鬥力量的人，從光明開始，到陰險結束，到極點就多奇詭的巧術。以禮來喝酒的，從規矩開始，到混亂結束，到極點就多奇詭的淫樂。一切事情都是如此。從諒解開始，到鄙視結束。剛開始時簡單，快結束時影響就巨大了。無論光明、規矩、諒解都是正面的力量，往反方面的力量偏移，最後成爲陰險、淫樂、鄙視。力量爭鬥的勝過，慾望放鬆到散亂，人間無論是力量的衝突，還是欲望的衝動，都由秩序走向混亂。

「言者，風波也；行者，實喪也。夫風波易以動，實喪易以危。故忿設無由，巧言偏辭。獸死不擇音，氣息茀然，於是並生心厲。剋核太至，必有不肖之心應之，而不知其然也。」言語造成風波，行事喪失了實質。老子曰：「聖人處無爲之事，行不言之教。」《老子·第二章》是莊子以上敘述的反面。言語造成傳話，混亂的流動；行事有所作爲，離道的根源越來越遠。風波容易動盪，喪失根源容易危險。忿怒發作是無來由的，巧妙的言語、偏激的言辭。在〈齊物論〉中，莊子曾區分語言的五個層次：道、論、議、辯、爭，我將之分別歸屬自然、社會、政治、言語、行爲五項。在「辯」中，有「分」——區分就產生「辯」——辯論，這是言語一項。在「爭」中，有「競」——競爭就產生「爭」——衝突，這是行爲一項。這就是日常生活，眾人的世界。野獸死時情急亂吼，氣息可怕，準備拼死一搏。太過苛刻計較，就會有不善心回應，而自己還不知爲何如此。

顏闔將去擔任衛靈公太子的師傅，但太子德行惡劣。隨他去做無道的事，就會危害自己的國家；要他去做有道的事，就會危及自身。他的智慧是以心知別人之過，不是以知自己之過。

形莫若就，心莫若和。之二者有患，就不欲入，和不欲出。行就而入，且爲顚爲滅，爲崩爲蹶。心和而出，且爲聲爲名，爲妖爲孽。彼且爲嬰兒，亦與之爲嬰兒；彼且爲無町畦，亦與之爲無町畦；彼且爲無崖，亦與之爲無崖。達之，入於無疵。

形體莫如屈就，內心保持和氣。但這兩者還有問題，屈就不能受他影響，和氣不能表現出來。屈就如受他影響，就顚倒絕滅、崩壞蹶倒；和氣表現出來，就爭奪聲名、奸險造孽。他像嬰兒一樣，你也跟他像嬰兒一樣。他漫無邊界，你也漫無邊界。他漫無涯際，你也漫無涯際。能夠做到，就不會被抓住毛病了。此節呼應首節，如何面對帶有政治權力的暴力型態，首節顏淵欲入衛國，孔子教示以道德與名實的哲學問題，說顏淵「未達人氣」、「未達人心」。此節從生活體驗說明如何實踐。首節提出「心齋」，空虛其心，這節則是心齋工夫所呈現的型態——嬰兒。

嬰兒在這裡出現兩種型態。太子其德天殺，智足以知人之過，他的嬰兒型態是權力的核心、賊心，用心刺探別人的過錯，刺探到「就而入」、「知而出」。權力的詭詐多麼深刻。心齋工夫達到的嬰兒型態是如老子的「我獨泊兮其未兆，如嬰兒之未孩。」《老子・第二十章》我獨自漂泊在無眹兆的地方，好像尚未成爲孩童的嬰兒。成爲孩童，就正帶著「虛構的理想自我」。拉岡(Jacques Lacan, 1901-1981)說到嬰兒大約在六個月到八個月的「鏡像階段」。「在先語言的鏡子階段，嬰兒從這『想像的』存有狀態中，投射了特定統一到鏡中的斷片化的自我—意象(並不需要是實際的鏡子)，他產生了虛構的理想自我。」[18] 簡言之，進入社會象徵界前的自我形象，學習要變成主體，成爲孩童。嬰兒被老子、莊子喻爲忘我、喪我以至於無我的狀態。

尼采(Firedrich Wilhelm Nietzsche, 1844-1900)說：「嬰兒是天眞和遺忘，新的開始，一個遊戲，一個自轉之圓輪，第一個運動，神聖的『肯定』(yes)。」[19] 天眞和遺忘，面對激變的生活是神聖的肯定，自我變化、自我運動，這自我正是自我遺忘、忘我、喪我，逃避了成心的價值觀，成爲自我變化的遊戲。這就可以了解莊子在「顏闔將傅衛靈公太子」一段前所說的「乘物以遊心，託不得已以養中」，超然於物之上，是隨萬物一起變化，應事只是不得已，而養神。

五、用與不用

無論「顏淵將之衛」或「葉公子高將使於齊」、「顏闔將傅衛靈公太子」，都是見用於當世。在日常生活中，工作就是有用，而遊戲則是無用。嬰兒只遊戲，當然也是無用的人。

櫟社見夢曰：「夫柤梨橘柚，果蓏之屬，實熟則剝，剝則辱；大枝折，小枝泄。此以其能苦其生者也，故不終其天年而中道夭，自掊擊於世俗者也。物莫不若是。且予求無所可用久矣，幾死，乃今得之，爲予大用。使予也而有用，且得有此大也邪？且也若與予也皆物也，奈何哉其相物也？而幾死之散人，又烏知散木！」

社祀的櫟樹之大，樹枝可以用做造船的材料就有十幾枝。木匠看櫟樹的紋理支離，木材造船則易沉，很容易腐爛，故說是「散木」，才能如此長壽。既是社祀，又可說是神木。散木可以爲神木嗎？柤、梨、橘、柚能結果實，果熟則剝，剝則折枝；大枝折斷、小枝扯斷。這是一生因有用而苦，所以不能過完自然的壽命而中道夭折，自招世俗的擊打。事物莫不如此。我求無用已經很久了，也曾瀕臨死亡，現在成爲神木，成爲我的大用。如果我有用，可能成就如此之大嗎？

散木無用，無用之用乃成其大用。不但是大用，社祀之用，故成爲神木。也因無用，才能自我保存如此長久。以此呼應〈逍遙遊〉中大而無用的樗樹，莊子說可以「樹之於無何有之鄉，廣莫之野，彷徨乎無爲其側，逍遙乎寢臥其下」，已暗示了日常生活世界即人間是以有用來設想一切事物，無用則在人間以外。相應於無用的是無爲，無爲故逍遙。無用是合乎道的，無用始可成其大。「吾不知其名，字之曰道。強爲之名曰大。」《老子．第二十五章》，大是道之異名。故櫟樹之大，是得道的意思。社祀之大用，是祭拜櫟樹神，樹而神化，見於夢中。夢亦使我們離開了日常生活的有用性。「在由工具引導的實踐中，客觀世界是給定的。但在這種實踐中，使用工具的人自己卻成爲了工具，他就像一個對象那樣自己成爲了一個對象。」[20]夢亦是無用的，夢中走出了人人相似的實用世界，夢即逍遙。

「此果不材之木也，以至於此其大也。嗟乎神人，以此不材……而中道夭於斧斤，此材之患也。故解之以牛之白顙者與豚之亢鼻者，與人有痔病者不可以適河。此皆巫祝以知之矣，所以爲不祥也。此乃神人之所以爲大祥也。」不材之木，是散木，成爲大木，是神木。不材之人，是散人，逍遙散人無用故無功，自是神人，〈逍遙遊〉中說「神人無功」。白額牛、高鼻豬及有痔瘡的人不可以用來祭拜河神，巫祝知道這些是不吉祥的。但神人因其無用，不能有祭祀之用，故能過完自然的年壽，這正是大大的吉祥。

「支離疏者，頤隱於齊，肩高於頂，會撮指天，五管在上，兩髀爲脅。挫鍼治繲，足以餬口；

鼓筴播精，足以食十人。上徵武士，則支離攘臂於其間；上有大役，則支離以有常疾不受功；上與病者粟，則受三鍾與十束薪。夫支離其形者，猶足以養其身，終其天年，又況支離其德者乎！」散人無用，成爲神人。現在如果比照散木的紋理支離，人的形體支離，是否也可以成爲神人呢？就有這麼一個形體支離的人，面頰隱在肚臍之下，髮髻指向天，肩膀比頭頂高，五臟脈管突露，胯股幾乎成爲肋骨。說他形體支離，無用之人，其實他縫衣洗衣可以養家餬口，算命占卜還可以養十個人，徵兵徵不到他，政府要徵召勞役，也常因疾病而不必去。政府救濟病人米糧時，它可以三鍾米十束柴。用途可以說多多，但是不是大用呢？莊子沒有說明支離疏是神人，那就不是。形體支離的人可以養活自己，過完自己的年壽。其德支離的人，在現實人生中沒有固定的方向，只是惟大道是依，又更超過了支離疏。德在形之上。此處支離疏只是伏筆，對政府說來無用，但卻有多種用途，並未說其爲神人。

但形體支離的人，的確開出了日常實用世界不同的異質世界。形體支離就是醜怪，醜怪到了令人怵目驚心，以超出我們所能思議的醜怪。這些在政府眼中無用的低下階層，在莊子筆下煥發出一種超世俗的美感。

六、狂人之歌

莊子在此篇中借用孔子說道家「心齋」之旨，在篇末當然要索回道家意旨的所有權。孔子到了楚國，有個職業是接車的人，也算是社會的低下階層，卻是狂人。狂人的狂，是超越日常世俗的實用世界，他的狂當然也是驚世駭俗，他的狂歌正是要啓示孔子，這不是聖人教化的時代！

鳳兮鳳兮，何如德之衰也！來世不可待，往世不可追也。天下有道，聖人成焉；天下無道，聖人生焉。方今之時，僅免刑焉。福輕於羽，莫之知載；禍重乎地，莫之知避。已乎已乎，臨人以德，殆乎殆乎，畫地而趨！迷陽迷陽，無傷吾行！郤曲郤曲，無傷吾是！

先楚民族被視爲鳳凰後代[21]，鳳凰是楚國的圖騰，也可說是神鳥。鳳凰啊！鳳凰啊！又可奈何德性的衰敗啊！未來無法期待，過去也追不回來。歷史之線斷了，時間上只剩下斷片一般的現在。天下光明之時，成就了聖人；天下黑暗之時，也有聖人誕生。這種光明與黑暗的對比，已拉至極端的可能性。方今之時，超越了這對比，不是光明中的光明，是黑暗中的黑暗，只能求免於刑戮。既然天下黑暗時還有聖人誕生，那麼現在只有這卑微的訴求，連黑暗也說不上。此句最見時代的悲劇意識，一種無奈的蒼涼。鳳凰猶如只剩下空中飄零的一支羽毛，但幸福比羽毛還輕，羽毛不知如何能承載幸福。災禍卻又比大地沉重，人能不行走於大地上嗎？所謂「無行地難」，也不知道如何逃避。幸福抓不到，災禍逃不掉。算了吧！你還要用德性面對人。危險啊！危險啊！還畫地讓人行走。荊棘啊！荊棘啊！不要讓我難走，彎曲的小路啊！不要傷了我的腳。

顯見的，在「天下有道」與「天下無道」這二元邏輯中，聖人不過是從「成」到「生」的轉換，聖人仍是存在的。「方今之時」的特殊時間性被標識出來，如果孔子是聖人，那麼「孔子適楚」的楚國的特殊地域性也被標識出來。如果我們憑藉二元邏輯來認識思考一切，那麼「僅免刑焉」的這種痛苦只在二元邏輯的認識、思考以外，直接是身體上的痛苦。「我所說的殘酷，是指生的欲望、宇宙嚴峻及無法改變的必然性，是指吞沒黑暗的、神秘的生命旋風，是指無情的必然性之外的痛苦，而沒有痛苦，生命就無法施展。」[22] 沒有聖人！只有刑戮的殘酷，在嚴峻的必然性下，生之慾望所忍受的痛苦，想走到無情的必然性之外。而無情的必然性像到處叢立的荊棘，只能尋索彎曲的小徑，而不小心走，連彎曲的小徑也會傷腳。身體(生命)的求生存，成爲第一義，如何保存生命的實踐智慧成爲最高律令！楚狂人的「狂」，是因這樣的痛苦而瘋狂，面對生命直接的殘酷，嚴峻而無情的必然性，粉碎一切價值的標榜的瘋狂。這是莊子直面的「人間世」。

「山木自寇也，膏火自煎也。桂可食，故伐之；漆可用，故割之。人皆知有用之用，而莫知無用之用也。」山木被利用做成斧柄來砍伐自己，油膏引燃火苗來自我煎燒。「人間世」爲何成爲如此殘酷的生命戲劇？這是人自我招致的後果。人爲何自我招致如此悲慘的後果？桂可食用，就砍伐了，漆樹的汁液有用途，就用刀割。一個「用」的觀念，人類用以設想他的家園，甚至是日常生活的根本觀念，如何導致悲慘世界的後果？對物的占有、占用，導致對資源的掠奪，國家間的爭戰。有用是人所知道的，大家都不知道「無用」之「用」。對莊子來說，無用故逍遙，這是生命的殘酷中唯一自我保存之道，甚至爲求「免刑」，是生活實踐的智慧。

現在可以回答本篇開始的問題。以〈養生主〉的「庖丁解牛」與〈人間世〉的「神人面對暴君」作爲對比，前者是神乎其技，後者是養神以處世。直到結尾「鳳兮！鳳兮」一段，始顯出暴君的政治權力和集團暴力，即使是神人擁有如庖丁的神乎其技般的養生工夫，也無法「崩解」集團的暴力。這是蒼涼的時代，某種神人型態在看似無用的「接車」行業中，表現出在世俗價值「以外」的狂人模式，求的只是在「天羅地網」的刑戮中「免刑」！

〈人間世〉是關鍵性轉折的一篇，從「庖丁解牛」的神完氣足到「福輕乎羽」和「禍重乎地」，就知道其中差別的劇烈。「庖丁解牛」是依賴身體——技藝的，形體對庖丁有積極的意義，完整的身體方能操持解牛的技藝。庖丁必須「用」其身體，方能神(刀)游於物(牛)之虛。支離疏已毀形、喪形的身體，卻是以消極來成就積極的意義，是因爲殘缺(無用或不用)而無法徵召去當兵，而能自我保存，成其多種用途。殘缺的身體無法成爲任何豪傑、英雄的象徵，竟然成爲避開集團暴力互相對抗的「巧門」，毀形、喪形甚至肉體的猙獰扭曲竟成爲對戰爭——暴力最有利的控訴！

無論如何，身體—技藝（身體藝術家）只成爲小成之道，這是因爲戰爭，集團暴力的對抗。那麼眞正的層次是在形體以上，也就是「游心於德之和」了。這是下篇〈德充符〉的意旨了。

注釋

1 愛比米修斯（技術之神）原則即是指通過對過去失誤的反思獲得的經驗積累。貝爾納・斯蒂格勒，《技術與時間》，裴程譯（南京：譯林，一九九八），頁二一六。

2 埃馬紐埃爾・勒維納斯，《塔木德四講》，關寶艷譯（北京：商務，二〇〇二），頁一九。

3 詹明信，《後現代主義與文化理論》，唐小兵譯（台北：合志，一九七九），頁二一〇。

4 布勞耶爾、洛伊施、默施《法意哲學家圓桌》，葉雋等譯（北京：華夏，二〇〇四），頁一〇八。

5 Erazin Kohák, *Idea and Experience*（Chicago: Chicago Univ., 1978）, p. 51.

6 Merleau-Ponty, *The Primacy of Perception*（USA: Northwestern Univ., 1964）, p. 70.

7 米歇爾・福柯，《必須保衛社會》，錢翰譯（上海：上海人民，一九九九），頁一五五。

8 米歇爾・福柯，《知識考古學》，謝強、馬月譯（北京：三聯，一九九八），頁七八。

9 郭慶藩，《莊子集釋》（台北：河洛，一九七四），頁一七四。

10 Martin Heidegger, *Being and Time*, trans. by John Macquarrie and Edward Robinson（USA: Harper & Row, 1962）, p. 212.

11 Alfred Schutz: *On phenomenology and Social Relations*（USA: Chicago Univ., 1970）, p. 60.

12 同注4，頁一七五。

13 Martin Heidegger, *An Introduction to Metaphysics*, trans. by Ralph Manhein (USA: Henry Regnery, 1967), p. 108.

14 Martin Heidegger, *Early Greek Thinking*, trans. by David Farrel Krell and Frank A Capuzzi (USA: Harper and Row,1975), p. 36.

15 轉引自James Edward, *The Authority of Language* (Tampa: South Florida Univ., 1990), p. 92.

16 趙衛民，《老子的道》（台北：名田，二〇〇三），頁一七三—一七六。

17 吉爾‧德勒茲，〈游牧思想〉，汪民安譯，收入汪民安、陳永國編，《尼采的幽靈》（北京：社會科學文獻社，二〇〇一），頁一六三。

18 Raman Selden and Peter Widdowson, *Contemporary Litterary Theory* (Great Britain: Biddles., 1993).

19 Walter Kaufman edited, *The Portable Nietzsche* (USA: Princeton Univ., 1963) p. 139.

20 喬治‧巴塔耶，〈我對主權的理解〉，收入汪民安編，《喬治‧巴塔耶文選》（長春：吉林人民，二〇〇三），頁二二七。

21 李誠，《楚辭文心管窺》（台北：文津，一九九五），頁五四三。

22 安托南‧阿爾托，《殘酷戲劇》，桂裕芳譯（北京：中國戲劇，一九九三），頁一〇一。

第六章

殘缺的美學——釋〈德充符〉

在〈人間世〉中，由不材之木的散木成爲神木，不材之人的散人成爲神人。支離疏的形體支離，正足以徵其爲不材之人，由其無用之用，得以保全生命，終其天年；但重要的，不是「支離其形」，而是「支離其德」。故在〈人間世〉中，已預示德與形的關係，「德」與「形」相較自有其存有論的優先序位。支離疏的毀形、喪形，使他避免在「禍重乎地」的戰爭時代中，成爲對戰爭「有用」的身體。身體或形體限相對的有用——無用的二元邏輯中。「支離其德」則是以絕對的無用，避免固定、限定其用，來超越這二元邏輯，甚至如果由「德」引起「形」的改變又如何呢？此之謂「變形」，由〈逍遙遊〉中「莊周夢蝶」的「物化」所預示的。夢只是夢想，但夢想如何落實呢？〈德充符〉正是要解釋變形與物化的問題，變形與物化，其義一也。

何謂「德充符」？郭象注曰：「德充於內，應物於外，外內玄合，信若符命而遺其形骸也。」[1]那麼符是符應或者符令的意思，所以「外內玄合」，外內玄合以至於到「信若符命」，眞實得好像受命之符一樣。這時符出現了「信」——「眞實」的意思。兩個意思俱可通。許愼《說文解字》云：「符，信也，漢制㠯竹長六寸，分而相合。」[2]相合爲信，但是「德充符」字面並無內外，顯見郭象是會觀此篇大要，以己意作解，才說「外內玄合」。他又馬上補上「信若符命」，符合爲信，總有兩個東西相合，就說內、外了。

「符命」是「符」的本義嗎？也未必見得。按中華版《辭海》中釋「符命」：古稱天降瑞應以爲人君受命之符，人君受命，外有瑞應，故有內外通。但觀此篇多殘缺者，殘缺是瑞應嗎？殘缺是內還是外？其實郭象下文說「遺其形骸」是合乎本篇大義的，「德」總是在形骸之內，那麼「德」何必一定要跨到形骸之外去內外通呢？德與形「這兩個東西」不也可以符合嗎？甚至德與形需要符合嗎？

「德符形」與「德充符」字面仍有差距，「符」只作「信」字解也不通暢，也難怪郭象要「外內玄合」一下了。如果不丟失「符」字，就成爲內德充滿的符信，甚至是符驗，就可通了。或者說「內德充實的驗證」[3]，相當簡明。西方也有類似的情況：「把破碎的事物密合，將密合處的識別記號就管它叫symbol。故symbol含三義：記號、符號與象徵。」[4]破碎的事物密合，與竹符的相合，意思相當接近。可見直解「內德充滿的象徵」，也就直截簡易。

〈人間世〉的支離疏以無用成其多用，「方今之時，僅免刑焉」，在超出我們認識能力的黑暗年代中，不可思議的，殘缺的形體成爲時代的理想生命的象徵。故楚狂人先說「何如德之衰也」，〈德充符〉即以內德充滿的殘缺者來表現，以形的殘缺而能得道，更顯出德的尊貴。

一、德與形的關係

藉說明德與形的關係，可先澄清老、莊概念上的異同。老子曰：「道生之，德蓄之，物形之，勢成之。」《老子．五十一章》其中「道生萬物，德主蓄養」[5]，道與德的關係可以藉圖示之，德之蓄養，是一容器的形態。老子曰：「江海所以能爲百谷王者，以其善下之，故能爲百谷王。」（《老子．六十六章》）江海是一個大的容器形態。

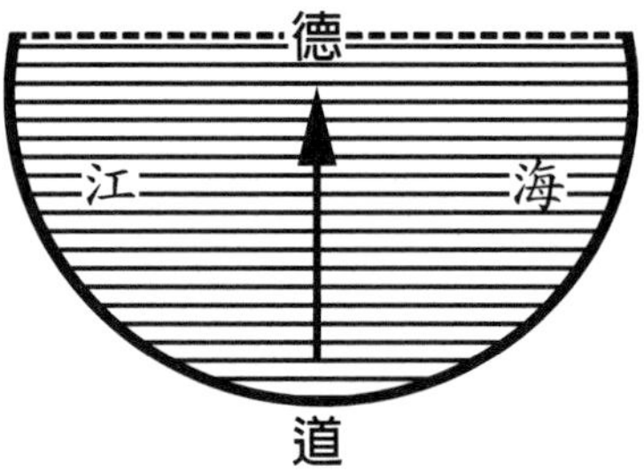

（道家）

道與德的關係，是老、莊義理綱脈，且道家是對萬物說話。德是內在於萬物的動力，使萬物有了形體。道生發天地萬物，德蓄養道的動力，這動力使萬物有了形體，有了形體以後，成就了萬物在特定時空的勢力。再藉圖示之，主要是爲配合容器形態，在老子的概念裡，道即自然，即大地，而大地、大海與深淵，幾乎達到互相轉喻的層次。我早已辨之，現只舉分析心理學的說明爲例證：「有生殖力的大地是自我產生的；它從原始海洋的深處升起。」[6] 但大地不僅有生殖力，也包含毀滅、死亡，大海、深淵不過是大地中的空虛。

這樣的概念結構，物有其形，在勢上正是特定的時空。順河上公的理路，「道生之」的「之」字指「萬物」，但需以「德」爲中介，故「之」字也可以指「德」；「德蓄之」的「之」字指「道」。進一步推，「物形之」的「之」字及「勢成之」的「之」字俱是虛字，是有了德的動力一氣而下。莊子的概念結構有了改換，藉圖表之：

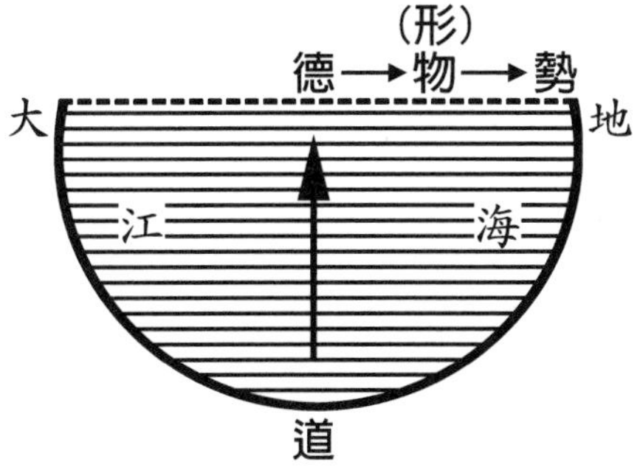

（老子）

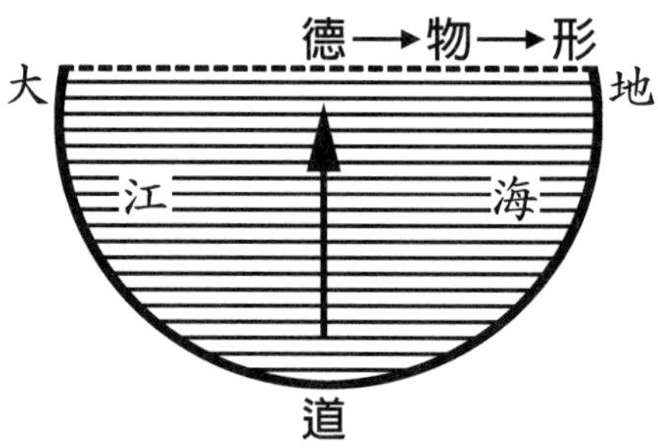

（莊子）

如果比照《老子・五十一章》，可以說：「道生之，德蓄之，物『成』之，形『忘』之。」「道」、「德」的觀念不變，主要的改變是德的動力成就了萬物，萬物的形體落在物之外，受特定的時空「方今之時」所決定了。換言之，形可損壞。

由「忘形」，自可出現毀形、喪形的情況，形在物外。這是老、莊在概念結構上的重大差異，不可不察。對老子而言，「物」有其「形」，物就是形體、身體，「勢」在「物」外。對莊子而言，物還不是形體、身體，「形」在「物」外。道家修養均是由外向內走，《老子・五十二章》：

「塞其兌，閉其門，終身不勤。開其兌，濟其事，終身不救。」是由勢→物→德→道一路返回。勢是可忘可遺的。而對莊子則是由形→物→德→道一路返回，形是可忘可遺的，甚至可毀可喪的，形可殘缺。

概念的結構既明，無怪乎〈德充符〉前半段出現了三個兀者——斷腳的人。即王駘、申徒嘉與叔山無趾。「王駘，兀者也，從之遊者與夫子中分魯。立不教，坐不議，虛而往，實而歸。固有不言之教，無形而心成者也。」

王駘是斷腳的人，向他學習的人與仲尼差不多。就是「物」與「形」的問題。在〈庖丁解牛〉一章，庖丁解牛，神完氣足，躊躇滿志，身體—技藝的表演，可以說「物」(人)兼有其「形」，「形」就在「物」(人)上。到〈人間世〉的楚狂接輿的「方今之時，僅免刑焉」，刑戮所帶來的殘缺，使「形」落在了「物」外。他教學的特色是他站著也不教學，坐著也不議論，學生空虛地前往，充實地回來，就有這種沉默的教化，不落形跡而使學生改變的嗎？形體的殘缺不影響他得道，教學也不落形跡。

「死生亦大矣，而不得與之變，雖天地覆墜，亦將不與之遺。審乎無假而不與物遷，命物之化而守其宗也。」死生也是大事，而不因死生而影響他；雖然天崩地陷，也將不會失落。這是因爲他辨明了眞實，不隨外在事件而改變，主宰事物的變化而守著根本。不論死生或天崩地陷，一個是形體的變化，一個是外在事件的變化，更在形體以外。按照老子「反者道之動」《老子．四十章》或者「玄德深矣，遠矣，與物反矣，然後乃至大順。」《老子．六十五章》。就在前製圖表上由「勢」畫一反箭頭至「物」，由「物」畫一反箭頭至「德」，由「德」再畫一反箭頭至「道」。同樣的，在前製莊子概念架構的圖表中，由「形」畫一反箭頭至「物」，由「物」再畫一反箭頭至「德」，再由「德」畫一反箭頭至「道」。由「物」反至「德」就是「物之化」，簡言曰「物化」。「守其宗」就是守著德了。

「自其異者視之，肝膽楚越也；自其同者視之，萬物皆一也。夫若然者，且不知耳目之所宜，而游心乎德之和；物視其所一而不見其所喪，視喪其足猶遺土也。」從其功能的差異來看，身上的肝和膽也像楚國和越國一樣遙遠，從其相同地得之於道的動力來看，萬物皆有其德，萬物也都一樣。「世界贈與了物的在場，物承受了世界，世界贈與了物……世界和物彼此穿透，這樣兩者橫過這一中間，其間，他們是一，是一，他們是親密的。」[7]由物化，實現了世界，萬物在一世界中，以物化的觀點看，萬物是一。如果到這種狀況，就不貪圖耳目的聲色，心不再有特定的意圖和目標，在遊戲狀態中，見萬物各化其所化，在自然中是一和諧。物返回其德，是物化，是其所一。形體的毀損不僅在物之外，莊子進一步提出「喪足猶遺土」，就如庖丁解牛之後，牛體「如土委地」，像土塊一樣崩落地面。故而看所製莊子概念架構圖表，物往其形走，是「外在」；物往其德走，是「內在」。外在的，猶如無生命的土塊。

人莫鑑於流水而鑑於止水，唯止能止眾止。受命於地，唯松柏獨也在冬夏青青；受命於天，唯舜獨也正，幸能正生，以正眾生。夫保始之徵，不懼之實。勇士一人，雄入於九軍。將求名而能自要者，而猶若是，而況官天地，府萬物，直寓六骸，象耳目，一知其所知，而心未嘗死者乎！

人不用流水照鏡，而用止水照鏡，只有靜止下來的，能讓一切都靜止下來。什麼是靜止呢？只是原初的受命。大地的命令也是一召喚，松柏自大地生長茁壯，它只順從這原初的命令、召喚，不論寒暑常保青翠。上天的命令也是一召喚，只有舜獨獨保持了正直，才幸而能端正自己的生命，也端正其他人的生命。原初的受命，只是保有生命初始的契機；靜止下來，才能聆聽得之於道的動力。單只是保存生命初始的動力，就有無懼的事實。孤獨的勇士、英姿凜凜地進入千軍萬馬之中。名聲是外在的事物，爲了求名也能像這樣親身涉險。「抵達的地方，也在召喚中所召喚的，是庇護在缺席中的在場，命名的召喚，命令事物進入這一抵達中，命令是種邀請，它邀請事物進入，以至他們能夠作爲與人有關的事物。」[8]自然的召喚，是原初的受命，命令事物進入這一抵達，抵達其德，其德是開顯的、在場的，作爲原初的受命，來自於道的動力卻是隱蔽的、缺席的。

主宰天地，包藏萬物，把六骸寄居在天地萬物中，天地萬物就像是他的耳目，渾化了他所認識的一切事物。這樣，心不往形走，不會死於外在的美德或聲名。如果看前製圖表，心往形走，往形以外的事物如美德或聲名走，是拘限於意圖與方向。在「物」的位置下，擺一「心」字，那麼「心」往「德」走，無成心之執，只能是「游心」。

二、過錯與全德

〈人間世〉中不僅敘述「方今之時，僅免刑焉」的特殊艱難，也敘述生活中「風波易以動，實喪易以危」的艱難情境。言語的風波，刻意的作爲，使我們暴露在危險中，可以說，在錯誤的籠罩之下。

申徒嘉也是斷腳的人，與鄭國大夫子產同以伯昏無人爲師。無人就是非人，非人常高於人，至人者流。

> 自狀其過，以不當亡者眾，不狀其過以不當存者寡。知不可奈何而安之若命，唯有德者能之。游於羿之彀中。中央者，中地也；然而不中者，命也。……今子與我游於形骸之內，而子索我於形骸之外，不亦過乎！

過錯使申徒嘉失去了腳，他說自己陳述自己的過錯，認爲不該失去腳的人是多的；換言之，多數人認爲自己的過錯不致於折腳。不陳述自己的過錯，認爲自己的腳不應存在，是少有的；換言之，不知自己的過錯，腳當然該在。過錯與折腳有何相關？在〈人間世〉中「方今之時，僅免刑焉」，楚狂接輿又說：「迷陽迷陽，無傷吾足，郤曲郤曲，無傷吾行。」刑戮之多，就有傷足的恐懼；雖然是比喻，但人生行路，宛如在遍布的荊棘和小徑中行走，動不動就容易傷腳。刑戮與傷腳應有直接的關聯，可以推測，犯了過錯而遭刑戮，致有折腳之痛。

刑戮是不合理的，否則不會密若迷陽，彎若郤曲。但遭受刑戮，畢竟不合保全養生之道。「去歷經一個事物是美的，意謂著：去必然錯誤的經驗它。」[9]觸犯現存的秩序，是必然「錯誤」，但這美卻以刑戮爲代價。斷腳是無可奈何，只有接受部分形體的喪失，保持安定好像那就是自己的命運。那當然不是眞的是自己的命運，眞的命運是物往德走，但外在部分形體的喪失，再也要不回，只有「有德者」接受已定的現實。

人生的過錯，就像游動在神射手后羿的弓箭所及的射程中，中央，就是中箭的地方。然而不被射中的人，也是他的命運。「若命」只是「安之若命」，並不是人本眞的命運，部分形體的喪失，是喪形，喪形也須忘形，因爲人本眞的命運以德爲依歸，是物往德走。所以申徒嘉說：你與我共學適道，是物往德走，是形骸以內的事，而你卻指責我形體上的殘缺，是物往形走，是形骸(含以外)的事，這就太過分了。

叔山無趾，用腳踵走路去見仲尼。他是因爲不知世務而輕率地使用身體，才失去了腳。

孔子曰：「弟子勉之！夫無趾，兀者也，猶務學以復補前行之惡，而況全德之人乎！」無趾語老聃曰：「孔丘之於至人，其未邪？彼何賓賓以學子爲？彼且以蘄以諔詭幻怪之名聞，不知至人之以是爲己桎梏邪？」老聃曰：「胡不直使彼以死生爲一條，以可不可爲一貫者，解其桎梏，其可乎？」無趾曰：「天刑之，安可解！」

對喪形的原因，叔山無趾有清楚的意識；不知世務而輕率地使用身體。因爲無知，而易犯有過錯，似成爲人生的本質。「語言是情感之光。透過懺悔對於過錯的意識投入語言的光亮之中。透過懺悔，人留下言語，甚至反對他自己的荒謬、苦難和苦惱的體驗中。」[10]對於「荒謬、苦難和苦惱的體驗」，叔山無趾是透過無知而犯錯來表達的，並且是「輕用吾身」而有清楚的意識，可以說「透過懺悔……投入了語言的光亮之中」。他並非只用這懺悔而獲得了救贖，他是通過毀形、喪形，形體的局部犧牲。「這需要是保存存有的眞理，不論人或那『存在著』的可能發生什麼。免於一切束縛，因爲誕生於自由的深淵，這犧牲是我們人類爲了保存相關於是什麼的存有眞理而付出的代價。在犧牲中表達了隱藏的思考，對存有贈與人性的恩惠致敬。」[11]不論人或形體發生了什麼，即使毀形、喪形，這才能免於一切束縛，成爲自由的契機。自由是深淵，在深淵中道贈與了人性，即德(或人的存有、人道)，這贈予是一恩惠，在毀形、喪形的犧牲中隱藏表達這一思考，對「德」致敬。

這可以看出孔子的固陋。因爲「學」是人的增益，並且指責了叔山無趾是有意地犯錯（前行之惡），學是用以補過，不解叔山無趾的「犧牲」或因刑戮而毀形、喪形，不在物的層次或形的層次的喪失，而是在德的層次上思考，並對道或存有的贈與充滿了感謝。

無怪乎無趾告訴老聃，孔子還達不到至人的層次，到處還想教人，還期望奇幻怪誕的名聲，不知道這是至人的桎梏，至人既無己，形更在己之外。老聃說：「那麼要解除他的桎梏，就使他了解生死爲一，可或不可的二元邏輯都可以成立的道理？既然生死爲一，又怎會計較毀形或喪形呢？堅持道德的應然，凡是可或不可必居其一；但在德的層次上，就避免採取了社會實際上可或不可的批判了。

無趾說：「這是上天給他的刑罰，又如何解消？」郭象本著「外內玄合，信若符命」的思路來說明「天刑」：「今仲尼非不冥也。顧自然之理，行則影從，言則響隨。夫順物，則名跡斯立，而順物者非爲名也。非爲名，則至矣，而終不免乎名。」[12]郭象的跡冥論需套在莊子〈齊物論〉中「一與言爲二，二與一爲三……」的語言哲學理路中，才順暢。對道家而言：不必順物（事），順物（事）總是不得已。此處「非爲名，則至矣」明明與「聖人無名」的理路不相應，明明莊子批判「仲尼非冥也」，才有「天刑之」，郭象還要強作解人。莊子認爲仲尼爲形跡所累，故「安可解」。王夫之注：「尊足者無死無生，無可無不可，乃外充於『天府』，內充於『靈府』，天地萬物皆合其符，豈在一枝一節之間乎？」[13]此解在氣象格局上較勝。其實不需外充，比足更爲尊貴的，「游於德之和」，與天地萬物相往來。

三、才全德不形

前面討論過德與形的關係，不論毀形、喪形，只要全德即可。既然形在物外，還要積極地忘形。

「衛有惡人焉，曰哀駘它。……無君人之位以濟乎人之死，無聚祿以望人之腹。又以惡駭天下，和而不唱，知不出四域，且而雌雄合乎前。」衛國醜人哀駘它，既沒有君位來救濟別人的災難，也沒有俸祿來使人吃飽，長得醜怪又使天下驚駭，他只是應和別人而沒有自己的主張。他的智慧也沒有過人的主張，而男人女人都聚在他前面。哀駘它是天下最醜的人，卻使天下人都忘掉他的醜，他只是應和別人的意見，這就是「游乎德之和」嗎？全德的人，只是「和而不唱」——應和而「不言」，不言就歸於沉默的大道，那就是既不議論，也不爭辯了。

「今哀駘它未言而信，無功而親，使人授己國，唯恐其不受也，是必才全而德不形者也。」哀駘它不說話，別人就相信他，沒有功勞，別人就親近他，使人家要把國家委託他治理，還怕他不接受。這就是「神人無功」，畢竟他還是不接受。故「未言而信，無功而親」正是郭象「行則影從，言則響隨」的反面。郭象的跡冥論正是德往形走，德依形了[14]，或至少是「德必形」。莊子在此說「才全德不形」，才全就是德充、德全，換字而正，就道往德走，說「才全」，就得之於道的德往道走，說「全德」，其義一也。

死生存亡、窮達貧富、賢與不肖毀譽，飢渴寒暑，是事之變、命之行也；日夜相代乎前，而知不能規乎其始者也。故不足以滑和，不可入於靈府。使之和豫，通而不失於兌；使日夜無郤，而與物爲春，是接而生時於心者也。是之謂才全。

生死存亡、顯達與否、名聲的好壞都是事件的變化、命運的變化；就像日夜交替循環，智慧不足以窺見其起始。無論是事件的變化還是命運的變化，都在形的層次，與毀形、喪形一樣，是智慧無法窺見的，甚至那只是時間的變化，時間有交替循環，又豈能知道其開端呢？這些變化不可以擾亂純和，不可以影響心神，使它保持平和，暢通而不失喜悅。使日夜交替而不是分別。而與物相遇就成了春天，是與物相接觸時在心裡誕生出時間。春天，就是時間的誕生，換言之，與事物的相遇，時間產生了變化，是相遇決定了變化。時間變化的模式是時間的誕生，永遠有時間，故與物的眞實相遇，是人與物在時間上的變化，是春天，是時間的誕生。道正是時間的變化，時間的誕生。

莊子借仲尼之口說哀駘它的這一段話，適足以成爲尼采「愛命運」的試金石。「對可疑的和可怕的事物的偏愛是有力量的徵象，對漂亮的和纖巧的事物的喜好則是衰弱和審愼的徵象。對悲劇的快感表明了強有力的時代和性格……它們在悲劇的殘酷中自我肯定，堅強得足以把苦難當作快樂來感受。」[15]哀駘它的醜，就是悲劇的殘酷，就是他的命運之愛，他把苦難的命運當作快樂來感受，而帶著生命的活力，也正是「與物爲春」。

「平者，水停之盛也。其可以爲法也，內保之而外不蕩也。德者，成和之修也。德不形者，物不能離也。」水平，水到達了極端的靜止；可以作爲法則，在內保住了極端靜止，其外就不隨事機鼓蕩。德要修養到純和的層次，由物往德走，外在是不求表現在形體上的，這樣萬物也不會離開他。這也是「游于德之和」。

「闉跂支離無脤說衛靈公，靈公說之；而視全人，其脰肩肩。甕㼜大癭說齊桓公，桓公說之；而視全人，其脰肩肩。故德有所長而形有所忘，人不忘其所忘而忘其所不忘，此所謂誠忘。」拐腳、駝背、無唇的人去遊說衛靈公，衛靈公喜歡他，看形體完整的人反而覺得頸項太瘦小。頸有大瘤的人去遊說齊桓公，齊桓公喜歡他，看形體完整的人反而覺得頸項太瘦小。德要是勝過別人，別人就忘記你的形體。修德之人，也應忘記自己的形體，人不忘記應該要忘記的形，而忘記自己不該忘記的德，這眞的是忘。

四、天養與無情

德是來自道，道即自然；德充乃來自天養，自然的養育。

「知爲孽，約爲膠，德爲接，工爲商。聖人不謀，惡用知？不斲，惡用膠？無喪，惡用德？不貨，惡用商？四者，天鬻也。天鬻者，天食也。既受食於天，又惡用人！」認知是造孽，約束是膠黏，德性來接人待物，工於心計是爲了買賣。聖人不謀事，用不著去認知；不砍，不需要膠黏；德不求表現，無所喪失，何必臨人以德？不做生意，何須買賣？這四者都是天養，即自然的養育。既然是自然所養育的，又何須用到人爲。道即自然和生長[16]，這都是自然的養育。

有人之形，故群於人。無人之情，故是非不得於身。眇乎小哉，所以群於人也！謷乎大哉，獨成其天。

不論毀形、喪形、忘形，基本上還是有人的形體。因爲有人的形體，就跟人相處，沒有人的情感，就不會招惹是非。渺小啊！所以屬於人；偉大啊！獨自成就他自己的自然。

吾所謂無情者，言人之不以好惡內傷其身，常因自然而不益生也。

我所謂沒有人的情感，是人沒有主觀上的好惡，損傷自己的精力，而只是保持自然，而不增益自己的生命。自然，就是無所增加，也無所耗損。

〈德充符〉一章解明了無論毀形、喪形，都不損及德之尊貴。德較形者爲尊貴，甚至爲了德之內充，必須忘形。忘形者，無人之主觀好惡而不增益自己的生命，也就避免人爲造作的干擾[17]。

有德之充，始可爲〈大宗師〉，此更無辯。只是由〈人間世〉的毀形的支離疏預示，〈德充符〉中前半段就出現三個兀者，以喪形的形體不全，無論喪形是否因過錯以遭刑戮，皆說明人之易犯過錯，亦無礙其爲全德之人。勉強說之，兀者王駘「審乎無假而不與物遷、命物之化而守其宗」，是神人無功的型態；兀者申徒嘉因與鄭大夫子產責執政之態度的問題，是聖人無名的型態（但申徒嘉又有其名，暫留此惑）；兀者叔山無趾「孔丘之於至人，其未邪？」，是至人無己的型態。

醜人哀駘它醜到幾算毀形，「和而不唱」是至人無己，「無功而親」是神人無功，「使人授己國，唯恐其不受也」是聖人無名。醜人哀駘它是全德之人的混合型態。闉跂支離無脤、甕㽁大癭是直承〈人間世〉之支離疏而來者，以說「德有所長而形有所忘」。形體之怪誕醜惡，怵目驚心，宛若無生命之土塊，醜陋的現實要素，矗立在前，令人驚怖，「解構」了崇高威嚴的形象，例如子產，甚至孔子。被貶抑的殘缺者被抬到了全德之人的高位，有某種滑稽的諧擬。

兀者申徒嘉的老師伯昏無人以背景人物出現，未呈現他形體上有任何的毀形、喪形，但正如其名所示：「無人」，所謂「無人之情」，跳脫了世俗人情之好惡，才是內德充滿的象徵，有「形」上的大破壞，彷佛才有「德」上的大建設；成爲「大宗師」。

五、殘缺與得道

〈德充符〉是自〈人間世〉的「方今之時，僅免刑焉」，急轉直下，由德之內充以說明毀形、喪形以得道。

爲說明〈德充符〉的特殊性，試將由〈逍遙遊〉起出現的得道之人的型態，按其出現篇章，勉強製一圖表以明之。

篇章＼人物＼形態	聖人無名	神人無功	至人無己	全德之人
	許由	神人		
齊物論	長梧子	王倪	南郭子綦	
養生主		文惠君		
人間世	楚狂接輿	南伯子綦	（仲尼）	
德充符	申徒嘉 闉跂支離無脤 甕㼜大癭	王駘	叔山無趾	哀駘它 伯昏無人

楚狂接輿在〈逍遙遊〉中即已出現，當時由肩吾向連叔敘述楚狂接輿「大而無當」的話，是描述神人的境界的。至於神人，在〈逍遙遊〉中看來只是神話境界的描述。長梧子只有法名，〈秋水〉篇中說鵷鶵（一種鳳類），「非梧桐不止，非練食不食，非醴泉不飲」，則梧桐是鳳所棲止的「高貴樹種」。長梧子既無名又談論聖人之道，是聖人無名型態。王倪雖談「至人神矣」，語中有「至人」，但「乘雲氣、騎日月」還是神人形態。南郭子綦提出「喪我」工夫，是至人無己的型態。文惠君由庖丁解牛的神乎其技，而悟養生之旨，未說明他得道，得道需靠實踐，但至少入道，是神人無功型態。楚狂接輿與孔子談論聖人，說「方今之時，僅免刑焉」，僅以楚國的日常職業爲名，「狂」故能超越世俗價值的標榜，是聖人無名型態。南伯子綦先看大木「此必有異材夫」，檢視後嘆曰「嗟乎神人，以此不材」，故爲神人無功型態。不過〈人間世〉的南伯子綦與〈齊物論〉的南郭子綦應爲同一人，僅說明住在城南，那就兼神人與至人兩種型態。而仲尼教顏回心齋工夫，故爲至人無己型態。以仲尼談論道家思想，只能是假託的，故打上括弧。

〈德充符〉除三個兀者已敘述之外，闉跂支離無脤和甕㼜大癭均以身形之殘疾爲名，且爲君王說客，故爲聖人無名型態。另哀駘它及伯昏無人似爲全德之人形態，哀駘它醜至幾算毀形，只有伯昏無人並未提及是否毀形、喪形。但〈德充符〉一下子冒出如此多的毀形與喪形者，也可見莊子殘缺與得道的關係，已打破儒家「身體髮膚受之父母不敢毀傷」那種聖賢的莊嚴型態了。

由〈人間世〉的支離疏預示，支離疏只是「支離其形，猶足以養身」，到〈德充符〉的殘缺者均爲得道者，特要明過錯的無所不在，刑戮的無所不在，由其無用與不材，殘缺者猶能得道。殘缺者的毀形、喪形，不礙其內德充滿，故由內德充滿的全德之人，將至人無己、神人無功、聖人無名三者轉向一新狀態。「無己」、「無功」、「無名」的「無」，僅像動詞的「化掉」，內德充滿像是積極的新狀態，故莊子提出「眞人」的新綜合狀態，此即是〈大宗師〉之旨。

仍須說明的是，兀者申徒嘉、王駘、叔山無趾是部分肢體的毀滅，此三者還只是肢體的殘缺。醜人哀駘它是面貌的毀滅，闉跂支離、甕㼜大癭是形體的毀滅。〈德充符〉一連推出了三個「異形」，質疑人的身分，摧毀的是人的主體，面貌的毀滅而能成爲全德之人，把人的面貌放在人的主體位置上，那麼哀駘它正與伯昏無人一樣，是人又不是人，摧毀了同一的邏輯，在大地上成爲一些幽靈般的人物。

德勒茲(Gilles Deleuze, 1925-1995)說：「何謂超人？就是存在於人的諸力量與這些新力量的形式化組成物。它是源自全新力量關係的形式。人傾向在自身中解放生命、工作及語言。而超人，根據韓波的名言，是盈溢獸性本身的人(就如在旁側或逆行演化的新模型中，一個基因密碼能攫取另一個密碼的碎片)。這是盈溢岩石本身或無機物的人(由矽元素所支配)。這是盈溢著語言存有的人(人盈溢著『此不具形、沉默且無意指的範疇，語言在此甚至可從它應該說話的狀態中解放開來』)……超人遠非現存人類的消失而是概念之轉變。……」[18]由過錯或刑戮的無所不在所造成的形體的殘缺或毀滅，或由面貌的毀滅、形體的毀滅所戲劇化演示的，就是摧毀人的主體身分、社會身分、人間身分。這種「在自身中解放生命、工作及語言」，由他者身分（獸性身分、岩石身分、無機物身分）獲得了與人混合的新的異形身分，沉默而無所意指，造成了人的變形爲眞人。

〈德充符〉一篇，說明德之內充爲要。無論是「審乎無假，而不與物遷」：辨明了眞實，不隨外在的事件而改變，主宰事物的變化而守著根本，或者是「知其不可奈何而安之若命」：把因自己的過錯所遭至的喪足，視爲不可奈何的命運而安之；甚至把「死生存亡，窮達貧富，賢與不肖毀譽，飢渴寒暑」全都視爲「事之變，命之行也」，這些外在事件的變化，命運的運行，均如日夜的替換（「日夜相代乎前」），而我們的認知無法規定其開端（「而知不能規乎其始」）；都說明這些形之外的變化如事件或命運，甚至形體上的喪失、喪足或喪形，都不足以影響德之內充。無論是「才全德不形」或者是「德有所長，形有所忘」，都說明「德之內充」成爲至人、神人、聖人的必要條件，僅此而足。

注釋

1 郭慶藩輯，《莊子集解》（台北：河洛，一九七四），頁一八七。

2 段玉裁，《說文解字注》（台北：蘭台，一九七四），頁一九三。

3 據陳鼓應「道德充實的驗證」，改「道」字為「內」字。見陳鼓應《老莊新論》，（台北：五南，一九九三），頁一八五。

4 趙滋蕃，《文學原理》（台北：東大，一九八八），頁一八九。

5 《老子・河上公注》，收入王弼等著《老子四種》（台北：大安，二〇〇六），頁六二。

6 埃利希・諾伊曼，《大母神——原型分析》（北京：東方，一九九八），頁二四七。

7 Martin Heidegger, *Poetry, Language, Thought*, trans. by Albert Hofstader (New York: Harper & Row, 1975), p. 169.

8 Ibid., p. 199.

9 Friedrich Nietzsche, *The Will to Power*, trans. by Walte Kaufman and R.J. Hollingdale (New York: Randon House, 1967), p. 424.

10 公車譯，保羅・里克爾，《惡的象徵》（上海：上海人民，二〇〇三），頁八。

11 Martin Heidegger, *Existence and Being*, trans. by Werner Brock(USA: Henry Regnery, 1949), p. 358.

12 郭慶藩輯，《莊子集解》（台北：河洛，一九七四），頁二〇六。

13 王夫之，《莊子通・莊子解》（台北：里仁，一九八四），頁五一一。

14 牟宗三正依郭象跡冥論作解：「跡冥如一，則跡之桎梏不可免。」不可不辨。牟宗三，《才性與玄理》（台北：學生，一九七四），頁二一九。

15 尼采，《偶像的黃昏》，周國平譯（北京：光明日報，一九九六），頁二二七。

16 Martin Heidegger, *An Introduction to Metaphisics*, trans. by Ralph Manhein (USA: Henry Regnery, 1967), p. 59.

17 「把那些造作、不自然的東西，都給化掉。」牟宗三，《中國哲學十九講》（台北：學生，一九九五），頁一四六。

18 德勒茲，《德勒茲論傅柯》，楊凱麟譯（台北：麥田，二〇〇〇），頁二二二——二二三。

第七章
道與命運——釋〈大宗師〉

〈內七篇〉中，〈逍遙遊〉篇末首先以無用之大樹，倡逍遙之旨。〈齊物論〉篇末又以莊周夢蝶看似無關宏旨的夢，寄託物化的思想。〈養生主〉中雖出現庖丁解牛「身體——技藝」的神完氣足，卻也出現右師的斷腳，將殘缺歸之於天。〈人間世〉中，祭祀的櫟樹(可說是大樹神)到木匠的夢中說不材之木無所可用，散木成爲神木。南伯子綦見大木，而引發「嗟乎神人，以此不材」的思想，不材之不吉祥，神人卻以爲大大的吉祥。而支離疏「支離其形能養其身，終其天年」，而「支離其德」者更不僅於此了。

〈德充符〉中，斷腳的王駘、申徒嘉、叔山無趾，醜人哀駘它，幾至異形的闉跂支離無脤、甕盎大癭，都是由形體上的殘缺、支離，戲劇性地演出神人不材，其德支離、無所可用。故而從

〈人間世〉的重大轉折，宛如對亂世之控訴。〈德充符〉一篇，說明德之內充為要，除了將「死生存亡、窮達貧富」歸之為外在事件的變化，無可奈何的命運、形體上的殘缺或變異，對於德來說，也成為外在而無關的，故「德有所長而形有所忘」。德之內充成為至人、神人、聖人的必要條件。容貌上的醜陋、形體上的殘缺，甚至形體上的怪誕醜惡宛若異形，這都是在人間被排斥的「他者」。

若說這些被人間排斥的他者都是至人、神人、聖人，不免有些浪漫的想像。不過，在莊子的策略上，以這些絕對的他者，在人間之外的，可避免「人性的、太人性的」（尼采書名），重要的是由支離其形引出支離其德，他者的「他性並非是自我的對立面或者否定性，他性是完全的他者。」[1]另一方面，當至人、聖人、神人的實踐工夫如「無己」、「無名」、「無功」被轉至「德之內充」時，也就產生了古之眞人的綜合形態，來保證「德之內充」的可能性。〈大宗師〉可謂〈內七篇〉中思想的總結，重在說明道與人的關係。

一、天與人的關係

天就〈齊物論〉的天籟義來說，也只是自然。天既為自然，道亦自然，故亦可說天道。簡單說，天是天然。

知道天的作爲，知道人的作爲，就達到極致了。（「知天之所爲，知人之所爲，至矣。」）知道自然的作爲，是因自然而生的；知道人的作爲，是以他的認知所知道的，來涵養他的認知所不知道的。（「知天之所爲，天而生也；知人之所爲，以其知之所知，以養其知之所不知。」）人的認知有所限制，必須逐步地擴展其認知，而這正是涵養他的認知所不知的。能夠活完自然的年歲而不中途夭折的，這是認知達到了強度。（「終其天年而不中道夭者，是知之盛也。」）認知與生命的保存（終其天年）有何關係呢？尼采認爲：「無論哪一種『認識』，都以『自我』的認識爲中心，而被自我的創造、發展所推動……生命不會受眞理之束縛，眞理卻因生命而確定。」[2] 自我的創造與發展離不開自我生命的保存，自我的生命本來自自然。雖然這樣說，總還是意有未足，知識總是有依待的條件才能說到正確與否，而所依待的條件卻是不確定的。（「夫知有所待而後當，其所待者特未定也。」）所依待的條件如「時間、空間、經驗，而思索則是一連串『離形』(de-formation)的過程，因爲眞理勢必不完整，而且也唯有透過此不完整的體會，方能展開眞知。」[3] 自然與人生也無法完全區分，我們畢竟避免不了人的立場。「各種各樣的知識，去追溯一個人與其他事物的關係（或種類的知識）——那如何會是其他事物的『知識』，知道和知識的本身，已是存在情況的一部分。」[4]（「庸詎知吾所謂天之非人乎？所謂人之非天乎？且有眞人而後有眞知。」）眞人才會有眞實的知識。

古時候的眞人，不拒絕少數的人[5]（「不逆寡」）。王夫之以「不足」訓「寡」，「寡」應訓「少數」[6] 即可。爲何是少數，少數常被多數壓制。不雄崌成功，（「不雄成」），老子所謂：「知其雄，守其雌。」(二十八章)不謀求事情(「不謩士」)。如果這樣，錯過時機也不後悔，事情成功也不自得。(「若然者，過而弗悔，當而不自得也。」)如果這樣，登高不戰慄，下水不會溼，入火不會熱。(「若然者，登高不慄，入水不濡，入火不熱。」)這是「眞知」的實踐倫理學，王夫之說：「不逆寡，不雄成，故忘取捨。不　士，則忘成虧。過而弗悔，當而不自得，則忘毀譽。」[7]「過而弗悔」是人沒有先在的智慧去把握事件的變化，錯過了時機而不後悔，這是了解人的限度。眞知無非表現在「德之內充」，而將利害、成敗、得失這些社會現象歸之於外在的事件變化、命運的運行。這是眞知所能達到的道的境界。(「是知之能登假於道也若此。」)老子說：「蓋聞善攝生者，陸行不遇兕虎，入車不被甲兵，兕無所投其角，虎無所措其爪，兵無所容其刃。」(五十章)老子的「聞知」善於攝護自己生命的人，或依賴於一套保存生命的手藝，但亦可與「含德之厚」應證。「含德之厚，比於赤子。蜂蠆虺蛇不螫，猛獸不據，攫鳥不搏。」(五十五章)老子的「含德之厚」即莊子的「德之內充」，但要到莊子的「登高不慄」尚可說，要至於「入水不濡，入火不熱」，恐是莊子氣化之道的神話化。呼應〈齊物論〉中：「至人神矣，大澤焚而不能熱，河漢沍而不能寒，雷破山風振海而不能驚……乘雲氣，騎日月……」云云。

古時候的眞人，睡覺時不做夢，醒來也無憂慮，他的食物不甘美，他的氣息非常深沉。(「古之眞人，其寢不夢，其覺無憂，其食不甘，其息深深。」)看來無夢以無憂爲條件，無憂又因寡欲，寡欲則能自我氣化，呼吸的氣息特別深沉。眞人的呼吸是用腳踵呼吸，「呼吸通於湧泉」[8]，腳底板的湧泉穴是血氣最難運行到的地方，腳跟猶如身體的「深淵」。深淵是老、莊通用的隱喻，如老子：「道沖而用之，或不盈，『淵』兮似萬物之宗。」（四章）又如「上善若水，水善利萬物而不爭，處眾人之所惡，故幾於道，居善地，心善『淵』。」（八章）故用腳跟呼吸是深根寧極，而眾人只用喉嚨呼吸，說話如「情促氣礙」[9]。（「眞人之息以踵，眾人之息以喉。」）欲望深的人，來自自然的氣機就比較淺薄。（「其耆欲深者，其天機淺。」）

古時候的眞人，生既何歡，死亦何惡，（「不知悅生，不知惡死。」）把生死視爲出入，出亦不欣，入亦不拒，只是無繫著與貪戀地來去。（「其出不訢，其入不距；翛然而往，翛然而來而已矣。」）他不忘記他的根源，這是他的本眞，這已自足，所以他也不追求自己的歸向。他只是承受大道的流注而歡喜，自我遺忘而回歸根源。（「不忘其所始，不求其所終；受而喜之，忘而復之。」）不執著自我概念或成心來捐棄大道，不以人爲的虛飾來增益那原本天然的。（「不以心捐道，不以人助天。」）

二、道與時間

生死是命運，有白天黑夜經常性的變化，這是自然的緣故。（「死生，命也，其有夜旦之常，天也。」）當魚離開了江湖，而在陸地上互相噴氣、互相吐沫來潤濕，不如在江湖中互相遺忘。

（「魚相與處於陸，相呴以濕，相濡以沫，不如相忘於江湖。」）就如在人間社會中彼此依靠、互相取暖，不如在道裏互相遺忘。與其稱譽堯爲聖君、桀爲暴君，不如善惡兩忘而隨著道來變化（「與其譽堯而非桀也，不如兩忘而化其道。」）。尼采在評論赫利克拉圖斯的「永恆的活火」觀時說：「生成和消逝，建設與破壞，對之不可作任何道德評定，它們永遠同樣無罪，在這世界上僅僅屬於藝術家和孩子的遊戲。如同孩子和藝術家在遊戲一樣，永恆的活火也遊戲著，建設著和破壞著，毫無罪惡感——萬古歲月以這遊戲自娛。」[10] 把世界的善與惡歸結爲世界—遊戲，人因此能超過善與惡。大地承載著我們的形體，生時使我們勞苦，老時使我們閒逸，死時使我們安息。因此使我們有生命是好的，使我們死亡也是好的。生時勞苦，死時歸藏，生死不過是時間的變化。

把船藏在山谷中，把山藏在大澤中，可說是牢靠了，可是半夜有力量的把它們揹走，昏昧的人卻不知道。（「藏舟於壑，藏山於澤，謂之固矣。然而夜半有力者負之而走，昧者不知也。」）時間的變化，滄海桑田，時間是變化的力量。道的變化，不過是時間的變化。藏小藏大藏得適宜，東西仍會消失。如果把天下藏於天下而不會消失，這才是萬物眞實的情形。（「藏小大有宜，猶有所遯，若夫藏天下於天下而不得所遯，是恆物之大情也。」）人對事物的私愛、占有，在時間的變化中亡失，有占有就會有失去，不如把天下藏於天下，就沒有任何東西會消失了，讓萬物恢復眞實的樣貌。聖人就在萬物不會消失而都存在的世界中遊戲。（「故聖人將遊於物之所不得遯而皆存。」）

〈齊物論〉中說：「天地與我並生，萬物與我爲一。」道生發天地萬物，「我」亦不過萬物之一，「並生」與「爲一」是回歸渾沌─世界。要說明渾沌─世界，〈齊物論〉開展了語言存有論：「一與言爲二，二與一爲三。」但此渾沌─世界展現的是「我」與道的關係，並試圖用語言來描述渾沌之「一」。〈大宗師〉中則有對道的直接說明：「夫道，有情有信，無爲無形；可傳而不可受，可得而不可見。」道爲什麼是有情的呢？這是對人而言，「對存有決定的投射境域，就是呈現本身，從人類(此有)的開放中看出。」[11]對人類的開放性，存有會呈現、在場。海德格在將存有與自然類比時，他說：「physis(自然)意謂著出現的力量，及在它支配下持續的領域。」[12]這就是說，道作爲出現的力量也是信實的。至於「無爲無形」，是道家的通義。在「無爲」上，老子以「天地不仁，以萬物爲芻狗；聖人不仁，以百姓爲芻狗。」(五章)來說明。王弼注：「天地任自然，無爲無造，萬物自相治理，故不仁也。仁者必造立施化，有恩有爲。造立施化，則物失其眞。」[13]除「萬物自相治理」一句語意稍含糊以外，尚稱精當。至於「無形」，老子則曰：「繩繩不可名，復歸於無物，是謂無狀之狀，無物之象。」是超越物象之上的。道可以傳授，但無法像接受一樣東西一樣。道不是一物，道與物的差別，海德格稱爲：「存有論差異」，存有是給出，「早期著作早已充滿著洞見，給出存有和存有物之區分，這區分被稱爲『存有論差異』。」[14]當然早期是在存有的給出與人類此有的關係上來處理。傳授了道，可以得到道，卻見不到道，因爲道是無形的。

道不再以任何事物爲根據。「自本自根，未有天地，自古以固存；神鬼神帝，生天生地。」道以自己爲本源，自己爲根據，「古」是一種歷史，存有或道的歷史，「這『存有/它給出』作爲存有的命運統治著，它的歷史在本質思考家的文字裏進入了語言，因此思考到存有眞理的思想。」[15]道，它給出，道的命運統治著，也就是說道的命運的力量橫掃一切，道的歷史超出了現實的歷史，只有在本質思想家的文字如莊子〈內七篇〉才進入了語言，思考到道的眞理。道的給出，或者說它出現的力量，使鬼和上帝都神秘化。老子也說：「吾不知其誰子，象帝之先。」（四章）如果把鬼和上帝視爲有非凡力量，道是出現的力量，正是使鬼和上帝的力量神秘化；換言之，使鬼和上帝成爲鬼和上帝。「生天生地」也就是老子「無名天地之始」的語義內涵，把道視爲出現的力量、昇起的力量，而天地爲最高存有物，在道中開展了天地。所以道「在太極之先而不為高，在六極之下而不為深，先天地生而不為久，長於上古而不為老。」道比天地渾沌未分之前的太一還要優先，所以不能用崇高來說明，道在上下東西南北的六極之下爲其根據，所以也不能說道是幽深，道先於天生但也不能用線性時間的含義說道長久。道就是時間的開始，這是「長於上古」，同樣也不能用線性時間的含義說道已老去。

道的給出降臨於人，也有一時間性的作用：「只有給出，在打開了時—空的伸展中。」[16]這是所以南伯子葵問女偊從何處聽聞到道時，女偊的回答是：「聞諸副墨之子，副墨之子聞諸洛誦之孫，洛誦之孫聞之瞻明，瞻明聞之聶許，聶許聞之需役，需役聞之於謳，於謳聞之玄冥，玄冥聞之參寥，參寥聞之疑始。」這種時間性的作用或可借名之曰「先天」，但不是在通常知識論意義上的，而是在優先性的意義上的。如果按照道的給出降臨於人的優先順序上，顯然女偊的回答順序必須逆轉，也就是由「疑始」、「參寥」、「玄冥」、「於謳」、「需役」、「瞻明」、「洛誦」到「副墨」的順序，這順序包含一組關係或結構，可以製成圖表說明[17]：

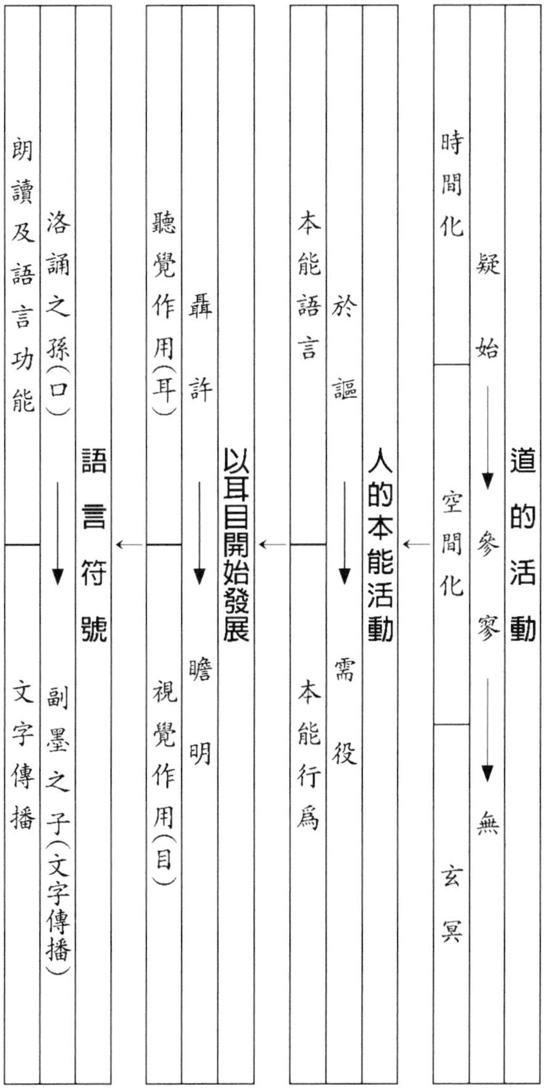

這四組關係層次相當清楚：「疑始」是懷疑一個始源，不是在線性時間中尋找一個定然的起點，也就是前文所說「先天地生而不爲久，長於上古而不爲老」的意涵。因爲道，給出的活動早已開始，總已開始，甚至也正在開始，可以說是「時間化」本身，「時間化」本身開展的是一個「空間化」作用，時—空相應於前文「在太極之先而不爲高，在六極之下而不爲深」，也就是渾沌—世界，這渾沌—世界對人來說，是神秘的無，所謂「玄冥」。「人的本能活動」這層，我歸之於「身體活動」，那麼「於謳」是「徒歌的謳吟」，不過義不僅於此。「於謳」是「歌」的意思[18]嗎？或者解爲「有韻律的聲音」更恰當，這樣可以開展「韻律存有論」[19]。

懷海德(Alfred North Whitehead, 1861-1947)曾以韻律概念來解釋自然的滲透力。他說：「那裏有韻律，那裏就有生命……然而，韻律就是生命。在這個意義上，可以說它是包含在自然之中。」[20]如果說，自然就是韻律就是生命，他就接近了尼采。懷海德有其自然科學的背景：「韻律的本質是單調與新奇的結合。因此，當各部分顯露那種新奇的那些細節而產生的對比時，那個整體絕不會失卻那個模式的本質的一致。祇是一種重現，確實如同只是不同事物的一種混淆所作的一樣，會破壞韻律的。水晶欠缺韻律，是因爲模式過多，霧是無韻律的，那是因爲它表現著一種無模式的、細節的混淆……」(同前)細節產生新奇，而與整體的單調對比，因爲細節的變化而避免重現，但整體不失卻那個模式的本質的一致。所以他的韻律觀是模式的重複，祇有細節的新奇。尼采的韻律觀是模式的創新，模式的力量；在創新模式中，韻律的力量帶來前所未有的改變。「當韻律被介入講辭中時，它會迫使講辭將所有片段的句子都作重新的排列……人類便企望用富有韻律之美的祈求以更能邀獲上帝深深的感動。同樣的，人們認爲一種有韻律的敲擊可使更遠的人聽到……」[21]確實沒有舊模式與新細節的對比，而是在韻律的「有力」模式中，一切細節重新安排入創新的模式當中。水晶有水晶的韻律，霧有霧的韻律。不論是「徒歌的謳吟」或者我所說「有韻律的聲音」，都與尼采韻律觀相當接近，甚至如要加上「本能」一詞時，就可以說是「本能的節奏」。

「需役」可以說是身體的活動，特殊勞動，這些軀體的活動並非理性化活動，尼采說：「肉體是一種大理智。」[22]身體的活動多本能、直覺，反而比理性抽象思考更爲豐富。「需役」也可以說在保存生命的層次。人爲了保全生命，並且爲了維持生命的需求，都必須依賴身體的特殊勞動。這是強度活動的領域，只要看「庖丁解牛」的「爲之躊躇滿志」，就可以知道是「由技入道」的領域。故而身體的各部分安排，也須進入韻律的強度模式、力量模式，身體有特殊的知覺模式。「存有物全體，現存力量……人依然暴露在這些強烈的力量之下，因爲以他的本質，他屬於存有。」[23]「於謳」和「需役」可以說都是暴露在道的強烈力量下。

「聶許」是聽覺，是身體—知覺的局部化，〈齊物論〉中：「聽之以氣……氣也者，虛而待物者也。」氣化之道是虛其自己，故而海德格說：「思考屬於存有，傾聽存有。作爲那傾聽的屬於存有。」[24]自我虛化才能傾聽存有。無論聽覺或視覺都在社會化的層次以前。「美是最直接來到我們並抓住我們，當像一存有物遇到我們，無論如何，它同時把我們解放到對存有的注視中；美本身是截然不同的要素……美是被稱爲那最燦爛的，那閃爍的，在直接的、感性的，流動現象的領域中。」[25]我們在感性領域中遇到了是美，使我們超越日常實用的層次，使我們注視到道，帶著動力使事物從道的隱沒中走向開放，猶如在黑暗中閃爍，走入光中。

然後「洛誦」是用語言表達道的光照，這才出現詩歌，口語傳播；然後「副墨」以文字紀錄下來。〈齊物論〉討論太多的語言問題，無論如何，「洛誦」和「副墨」都已在社會化的層次了。「洛誦」只是反復記憶，而「副墨」可以憑文字來記憶了。

女偊的回答順序，逆反了道的給出順序，可說是回溯性的。

三、生死存亡爲一體

在實踐工夫上，如何能修養達致入道？成爲聖人，有沒有方法（「聖人之道」）？女偊說：「參日而能外天下。」爲何要把天下置之度外？天下就是社會，在社會裏，人依成心行事就有是非。「成夫心而有是非」（〈齊物論〉）。「七日而後能外物」，爲何要把事物置之度外？「人皆知有用之用而莫知無用之用」（〈人間世〉），人對事物總有使用、利用、占用之心，爲了達成人的目的。「九日而能外生」，把自己的生命置之度外。虛其自己就是忘我、喪我，不以自己主觀的觀點來看待事物，不沾著利害的觀點，甚至是無我的觀點。（「而後能朝澈」），像朝陽一般清澈；（「而後能見獨」），才能在孤獨中目擊大道之光。（「而後能無古今」），打破時間的線性觀，只是時間的湧現，時間的誕生。這是從「道給出」的意義上說的，「時間三維度的統一，包含在任一者朝向任一者的相互作用，這相互作用證明是眞正地伸展，在時間之心裏遊戲，第四個維度。」[26] 故而（「能入於不死不生」）。得道的人在「時間」之心中遊戲，曾是、現在是、將是三者在時間眞正的伸展中，道的給出包含了由無出有，由隱蔽進入開顯中，得道者以道的給出爲依歸，也無死也無生。使自己生命已死去的人不再死去，增益自己生命的人不會有生命（「殺生者不死，生生者不生。」）

道的運動，沒有什麼不歡送，也沒有什麼不迎接；沒有什麼不毀壞，也沒有什麼不成就，它的名字叫混亂中的安定。（「其爲物也，無不將也，無不迎也；無不毀也，無不成也。其名爲攖寧。」）

祭祀、車駕、耕田、迎賓四種職業，在民間是基層的，對海德格來說，這是此有的「此」，一種空間。「誰能用無作爲他的頭，用生命作爲他的脊椎，用死亡作爲他的尾椎骨，誰知道生存與消亡都是一體的，我就和他做朋友。」（「孰能以無爲首，以生爲脊，以死爲尻，孰知生死存亡之一體者，吾與之友矣。」）子輿背脊彎曲，五臟脈管突出在背上，面頰隱在肚臍，肩膀高於頭頂，髮髻指向天。（「曲僂發背，上有五管，頤隱於齊，肩高於頂，句贅指天。」）他的形象一如〈人間世〉中支離疏的支離其形。德勒茲（Gilles Deleuze, 1925-1995）讚美十九世紀生物學家傑弗瑞（Geoffroy Saint-Hilaire, 1772-1844），說他是折疊（the fold）的偉大藝術家，「他已預感到特定的動物分裂有傳達的變態途徑——怪物。」[27] 傑弗瑞說：「證明有同形論是你常能從在有機階層上的一個形式走到另一個形式，無論牠們如何不同，是憑藉著折疊。從脊椎動物到烏賊，把脊椎動物脊椎骨的兩端帶到一起，把頭彎向腳，把骨盆升高到頸項的背部。」[28] 這個「折疊」的怪物與子輿有驚人的「同形」。也像後文的尾椎骨不再直立，而是化爲車輪。「假如把我的左臂化爲公雞，我就用來報曉；把我的右臂化爲彈弓，我就用來打鴞鳥烤了吃；如果把我的尾椎骨化爲車輪，我的精神化成了馬，就不必再找車駕了。」（「浸假而化予之左臂以爲雞，予因以求時夜；浸假而化予之右臂以爲彈，予因以求鴞炙；浸假而化予之尻以爲輪，以神爲馬，予因以乘之，豈更駕哉！」）人生不要患得患失，得到有其時機，失去就要順應變化。安於時機，順應變化，生死就如得失一樣，哀樂就不會影響心情了。這是古代所謂解開懸念之苦。（「且夫得者，時也，失者，順也；安時而處順，哀樂不能入也，此古之所謂懸解也。」）

道的變化像大鐵匠一樣正在冶鑄鐵器，如果鐵跳起來說：「我一定要成爲莫邪寶劍。」大鐵匠一定認爲這鐵是不吉祥的。現在稍稍露出人的形狀，就叫「人呀！人呀！」造化一定以爲是不祥的人。（「今大冶鑄金，金踴躍曰：『我且必為鏌鋣』，大冶必以為不祥之金。今一犯人之形，而曰『人耳人耳』，夫造化者必以為不祥之人。」）這是以道爲主的思想，人即人爲造作，不自然。

四、遊乎天地之一氣

道造成萬物的變化，所謂造化。道生成萬物，所謂造物者。得道的人虛其自己，即虛在氣，即氣化神，故神遊於天地之一氣。（「彼方且與造物者爲人，而遊乎天地之一氣。」）

人要順應自然、順應變化。偶然碰到的事來不及發笑，從內心發出的笑聲來不及安排，順應著道的變化而去適應變化，就進入寥闊的天地之一氣。（「造適不及笑，獻笑不及排，安排而去化，乃入於寥天一。」）

意而子的意，即「志也，心所識也」[29]講志講志，由命名可知儒家身分。所以以道家聖人身分出現的許由（見〈逍遙遊〉）批評他：「堯已用仁義爲你施黥面之刑，用是非給施劓鼻之刑。」（「堯既已黥汝以仁義，而劓汝以是非矣。」）儒家的仁義是非，都歸入社會的成心（「未成乎心而有是非，是今日適越而昔至也。」〈齊物論〉）許由又批評他：「盲人沒辦法看到眉目顏色的美好，瞎子也無法看到青黃黑白的色澤。」（「盲者無以與乎眉目顏色之好，瞽者無以與乎青黃黼黻之觀。」）也就是儒家的視野有其盲點，儒家只看到社會價值，無法看到道的運動、道的力量。許由說大道是：「粉碎萬物不是爲了正義，恩澤綿延萬代不是爲了仁德，長於上古也不會老去，覆載天地雕刻萬物的形象不是爲了顯示巧妙，這是我所遊的道。」（「䪡萬物而不爲義，澤及萬世而不爲仁，長於上古而不爲老，覆載天地刻雕眾形而不爲巧。」）

顏淵三見孔子。第一見說：「我進步了。」孔子問他是什麼意思，顏淵說：「我忘了仁義。」（「回忘仁義矣。」）儒家顏淵居然能忘仁義，豈非藉儒家之口來反儒家，這是「反諷」。孔子說：「還不夠。」第二見說：「我忘了禮樂了。」（「回忘禮樂矣。」）孔子說：「可以了，但還不夠。」爲什麼忘記禮樂是比忘記仁義還進一層呢？在〈齊物論〉中，人籟比竹而吹，是簫管的音樂，猶如人間制禮作樂。就儒家言，仁爲本心，義是正義，化爲外在可見的形式曰禮樂，是由內往外發。此處卻忘掉禮樂反比仁義更進步，可見莊子認爲社會的秩序在整體影響上大過仁義，因爲禮樂影響人心更易更快。仁義禮樂都不能排除人的主體意識，也可以說人文主義，也仍然歸屬於社會的成心。第三見，顏淵說：「我『坐忘』了。」（「回坐忘矣。」）孔子反而驚訝地問道：「什麼是坐忘？」可說幽了孔子一默，連孔子都不能瞭解顏淵所用的名稱了。

顏淵說：「擺脫肢體，排除掉聰明，離開形體去掉知識，與大大的通達一切的道相同。」（「墮枝體，黜聰明，離形去知，同於大通。」）「墮肢體」即「離形」，「黜聰明」即「去知」。「坐忘」通於〈齊物論〉南郭子綦的「吾喪我」，也通於〈人間世〉中的「心齋」。但較前兩者而言，「吾喪我」之「嗒焉似喪其耦」，只是好像忘了形骸即忘形，「心齋」也只是「虛者心齋」，把心比作空虛的房間，「墮枝體」則辭氣尤強烈，與前文女偊之「外生」相同，不僅忘形，還到喪形的強度。通過〈人間世〉支離疏的支離其形一轉折，〈齊物論〉的似忘形，到了〈大宗師〉已成忘形兼喪形了。「去知」即「去成心」，「同於大通」只是一氣之化，所謂物化。孔子說：「同於大通，就不會有所偏好，氣化就不會堅持常態。」（「同則無好，化則無常。」）孔子說：你顏淵果眞那麼賢能，我也要跟從你了。借顏淵說道家的道理，孔子豈不以道家爲師。

道的給出，即是命運。子輿和子桑爲友，下雨十日，想子桑或許病了，帶飯去給他。子桑說：「父母哪裡願意我貧窮呢？天不私自覆蓋什麼，地也不私自承載什麼，天地哪裡會私自使我貧窮呢？求索那使我貧窮的而不得。然而到這種地步，那是命運吧！」（「父母豈欲吾貧哉？天無私覆，地無私載，天地豈私貧我哉？求其爲之者而不得也。然而至此極者，命也夫！」）道的給出，是贈禮也是命運，無論殘缺或畸形，無論職業或貧困，都歸之於外在事件的變化或命運的活動了。重要的，是即虛生氣，即氣化神，遊乎天地之一氣。

子祀、子輿、子犁、子來、子桑戶、子琴張，各以其「底層」的職業，標識出他們的差異。子輿的畸形呼應〈人間世〉的支離疏與〈德充符〉的闉跂支離無脤和甕㼜大癭。子輿有病，子祀去看他。子來有病將死，子犁去看他。子桑戶死，而孟子反、子琴張編歌、彈琴，視其爲「歸眞」，歸眞即物化。子桑病，子輿帶飯給他吃，子桑鼓琴若歌若哭，以歌詩把貧窮歸之於命運。畸形、貧窮、病、死成爲這些底層人的命運，而這些人以「遊乎天地之一氣」成爲〈大宗師〉中之聖人。斯皮瓦克(Gayatri Spivak, 1942-)在〈底層人能說話嗎〉一文中論及印度寡婦火葬殉夫的習俗時認爲：「對於『眞正的』底層階級來說，其同一性就是差異，能夠認識和表達自身的而不能代議的主體是沒有的。」[30]，莊子以這些底層人職業的異質性，開展了異議的空間，爲其「代議」，而以畸形、貧窮、病、死的命運，經過歌詩，也把這些命運詩化爲道的命運。這些就是道家眞人，還有什麼比抗議社會大一統的敘事更強烈的嗎？

注釋

1 維克多・泰勒、查爾斯・溫奎斯特編，《後現代主義百科全書》（長春：吉林人民，二〇〇七），頁一〇。

2 工藤綏夫，《尼采——其人及其思想》李永熾譯，（台北：水牛，一九八一），頁一〇八。

3 廖炳惠，《解構批評論集》（台北：東大，一九八五），頁五九。

4 Friedrich Nietzsche, *The Will to Power*, trans. by Walter Kaufman & R.J. Hollingdale (New York: Random House, 1968), pp. 272-273.

5 王夫之，《莊子通・莊子解》（台北：里仁，一九八四），頁五六。

6 陳壽昌輯，《南華真經正義》（台北：新天地，一九七二），頁九二。

7 同注5，頁五七。

8 同注6。

9 成玄英疏與陸德明釋文，見郭慶藩，《莊子集釋》（台北：河洛，一九七四），頁二二八——二二九。

10 尼采，《希臘悲劇時代的哲學》，周國平譯（北京：商務，一九九四），頁七〇。

11 Martin Heidegger, *On Time and Being*, trans. by Toan Stambaugh (New York: Harper & Row, 1941), p. 28.

12 Martin Heidegger, *An Introduction to Metaphysics*, trans. by W.B. Barton, Jr. and Vera Deutsch (USA: Henry Regnery, 1967), p. 12.

13 王弼，《老子註》（台北：藝文，一九七五），頁一三。

14 Werner Marx, *Heidegger and Tradition*, trans. by Theodore Kisiel and Murray Greene (Evanston: Northwestern Univ, 1971), p. 125.

15 Martin Heidegger, *Basic Writing*, edited. David Farrell Krell (USA: Harper & Row, 1977), p. 214.

16 同注11，p. 16.

17 根據莊萬壽，〈莊子語言符號與「副墨之子」章之解析〉所列表改製，該表對四組關係的區分相當卓越，收於陳鼓應主編，《道家文化研究》第十輯（上海：上海古籍，一九九四），頁一〇〇。

18 見錢穆，《莊子纂箋》（台北：東大，一九八五），頁五四。另黃錦鋐，《新譯莊子讀本》亦說是「歌謠」的意思。王夫之《莊子解》解為「小兒聲音之始也」，陳壽昌輯，《南華真經正義》解為「詠歎而長吟也」似是說詩。

19 趙滋蕃曾提及懷海德的韻律概念，說：「潮汐的起伏是韻律，月圓月缺是韻律（餘見後引文）。」並說明此概念來自尼采，但未說明出處。沈清松曾用「存有的韻律」一詞，但他是以海德格學為基礎，企圖融合黑格爾及結構主義而說「對比乃存有之韻律」，與此處用法不同，對比概念或有懷海德學的基礎。見沈清松，《現代哲學論衡》（台北：黎明，一九八五），頁一八。

20 李維，《哲學與現代世界》，譚振球譯（台北：志文，一九七八），頁六一五。

21 尼采，《歡悅的智慧》，余鴻榮譯（台北：志文，一九八二），頁一二二。

22 尼采，《蘇魯支語錄》，胡宏述譯（台北：正文，一九七四），頁二四。
23 同注12，p. 126.
24 Martin Heidegger, *Basic Writing*, edited. David Farrell Krell (USA: Harper & Row, 1977), p. 197.
25 Martin Heidegger, *The Will to Power as Art*, trans. by David Farrel Krell (London: Rout ledge, 1981), p. 196.
26 同注11，p. 15.
27 Deleuze & Guattari, *A Thousand Plateaus*, Trans. by Brian Massumi (London: Athlone, 1988), p. 53.
28 Ibid., pp. 51-52.
29 段玉裁，《說文解字注》（台北：蘭臺，一九七四），頁五〇六—五〇七。
30 佳亞特里・斯皮瓦克，《斯皮瓦克讀本》，陳永國等主編（北京：北京大學，二〇〇七），頁一〇四。

第八章

無與深淵——釋〈應帝王〉

〈逍遙遊〉篇尾說：「至人無己，神人無功、聖人無名。」神人以藐姑射之山的神人，「其神凝，使物不疵癘而年穀熟」來描述，聖人以許由講名實問題而說「予無所用天下爲」。「至人無己」在〈齊物論〉中以南郭子綦「吾喪我」來說明，由人籟、地籟、天籟描述不同的層次，而其聽覺的呼應在〈人世間〉中，是「聽之以氣」的實踐工夫，藉由儒家代表人物顏淵來問孔子「心齋」的道理來展現。「聖人無名」在〈大宗師〉中藉女偊的「聖人之道」來說明，由外天下、外物、外生、朝徹、見獨、無古今、不死不生描述不同的進階，而如何「外」法則由顏淵展示忘仁義、忘禮樂、坐忘的進階來表明，連孔子對「坐忘」都有所不解。

至此，「神人無功」須至〈應帝王〉總結，而且不能再以借重儒家代表人物的重言方式來說明，故莊子以「壺子示相」的寓言方式來說明。神人是人中之王，惟帝王相應。

一、聖人之治

肩吾的名字有個「我」在，日中始則屬於「陽」。肩吾說日中始告訴他，國君要自己定出法則制度，這樣誰敢不聽而受感化呢！」（「告我君人者，以己出經世義度，人孰敢不聽而化諸！」）狂接輿是接車駕的狂人，他說這樣不行，聖人治理天下，不是向外治理！自正而後去做，要確實能夠治理。」（「聖人之治，治外乎？正而後行，確乎能事者而已矣。」）法則制度不是由自己訂立，天下的事務不是由自己強力地推出一套法則制度，迫人遵守，而是自己要謹愼小心，確實能處理事務紛雜糾葛的一面。治理是一種能力，確切地說是一套手藝。這也就是〈天地〉篇中說：「技兼於事，事兼於義。」治理天下，有如庖丁的手藝，能夠熟練地處理事務，這才有合宜(義)不合宜問題。

天根顧名思義是天的根據，要爲天下找一個根據，就如儒家找到一個根據曰仁，但無名人是道家的聖人無名，他告訴天根：「你心悠遊於平淡之中，神氣合乎漠然，順應事物自然的狀態，而不要容納私心，天下就得到治理了。」（「汝遊心於淡，合氣於漠，順物自然而無容私焉，而天下治矣。」）遊心就不會有固定的目標，如果是心在遊戲的狀態，重要的是遊戲，而不是心。這也是所謂「遊戲相對於遊戲者之意識的優先性」[1]。而且，只有在平淡中能遊，就不會利用、占用事物，滿足自己的私心，老子亦說：「少私寡欲」〈十九章〉氣在於物之虛，人之虛己（虛掉成心、意識）就是氣化，即虛生氣，即氣化神，神氣合於漠然，也不會固執己見。「順物自然」成爲一種「讓」的態度。「面對那在開顯者中自行彰顯者的自由，使存有者能如其所如，現在自由就是任存有者得以存有。」[2]讓是讓開一空間，讓事物得以在開顯中自行彰顯，任其自然。

陽子居屬陽，陽是開顯，但任何開顯是從隱蔽中開顯，他只識得開顯，不識得隱蔽。他問：「這裡有人，迅速有力，了解事物疏通明達，學道不倦。這樣，可以與智慧的君王相比嗎？」（「有人於此，嚮疾彊梁，物徹疏明，學道不倦。如是者，可比明王乎？」）對事物了解透徹，頗有條理；這是專家的姿態，猶如族庖（見〈養生主〉）。老聃說：「這都易被技術所糾纏，勞累形骸驚動心情。（「胥易技係，勞形怵心。」）老聃說：「智慧的君王治理天下，功蓋天下，卻不歸功自己，施與萬物而人民卻不依賴他；不與物名，使萬物回歸自己的變化，而明王立在神妙難測的境界中，遊戲於大化之中。（「明王之治：功蓋天下，而似不自己，化貸萬民而民弗恃；有莫與名，使物自喜，立乎不測，而遊於無有者也。」）明王也是神人無功，施與萬物不是爲了恩澤，把功勞歸諸自己，所以人民也不依賴他。萬物無名，回歸變化，就是物化，明王讓開一空間，讓萬物自化，故明王也立乎大化之中。

二、壺子示相

為何取名壺子？「空的空間，水壺的空無，正是水壺作為握著的容器……但連續的倒下，將空掉自己所握著的。只有一容器，才能空掉自己……」[3]。容器在老子即為一範型，「埏埴以為器，當其無，有器之用。」〈十一章〉陶人揉和陶土製作容器，因為空虛，空的空間，才可以容納東西。「孔德之容，惟道是從。」〈二十一章〉空虛的德性的容貌（王弼注「孔」為「空也。」）[4]，只以大道為依歸。「古之善為士者，微妙玄通，深不可識。夫唯不可識，故強為之容。」〈十五章〉這三章如果合觀，就知道可作為釋「壺子示相」的張本。「壺」所代表的，是空的空間，空的空間正是無。那麼壺子的臉相是因為空虛的德性，才以大道為依歸。以大道為依歸，因此是「微妙玄通，深不可識」，微妙而神秘地通達一切，深沈而無法辨識，無法辨識也是前文「明王之治」所謂「立乎不測」。深不可識，也正如深淵（此義後解），深淵是廣大的空間[5]。為何壺子的容貌可以像深淵呢？為何空虛的德行以大道為依歸呢？「道沖而用之或不盈，淵乎似萬物之宗」〈四章〉，老子本把大道譬為深淵的。

鄭國有一個神巫叫季咸，神巫可說是有神力的巫師，「巫術（magic）似乎是以某種重新獲得已失去了自然循環的和諧而作的自願努力為發端的。」[6]人的生死歸入這種自然循環的和諧，故而神巫能知道人的死生存亡，禍福壽夭，而能預言「歲月旬日」，精準到「某年某月某旬某日」，好像很神妙一樣（「若神」），那就不是眞的神妙！鄭國人見到神巫，嚇得落荒而逃。因爲平常人好生惡死，樂福厭禍，總認爲神巫給了不祥的預兆。但列子看到卻爲之心醉，列子有喜歡神奇能力的傾向，連〈逍遙遊〉都甚至說列子就有「御風而行」的能力。列子認爲這種神奇能力超過了他的老師壺子，所以他告訴壺子，開始我以爲老師的道已達到極點了，現在才知道還有更厲害的。壺子說：「我與你探究了表面的虛文，而沒有探究道的眞實，就像許多雌的而沒有雄的，就不會結卵！你用這種道行和世界對抗，很容易相信別人，使人很容易看清你的臉相。你請他來看看我的臉相吧！」雖然是看壺子的臉相，我們腦海裡還是要有「壺」的形象：一個密閉的容器，圍起空的空間。

壺的造形，攸關壺子示相的旨趣。

第一天，神巫見了壺子，說：「你老師死定了，活不了了，活不過十天（「旬數」）！我看到怪相，看到溼了的灰。（「吾見怪焉，見溼灰焉。」）平常說「面若死灰」，臉色「好像」死去的灰燼般沒有生機，現在臉色是微濕的灰燼，「溼」（水氣）代表生機，能夠維持十天的生命。列子泣涕沾襟告訴壺子這個噩耗。壺子說：「剛才我出示的臉相是地表的紋理，完全不見內蘊，萌發於不震動也沒有完全停止，所以他看見我杜塞了德的生機。」（「鄉吾示之以地文，萌乎不震不止。是殆見吾杜德機。」）只看到地表，沒有源頭活水，故只剩一點溼氣，源頭活水是生機的震動，現在閉塞了。「德」是源頭活水，以水爲象徵。重點在「不震」，「不震」是因爲沒有源頭活水來，「不止」是只餘一點溼氣在地表，故「頭」只是剩餘的生機「沒有完全停止」的意思。第一門示相，是展示大地的表面。

第二天神巫再見壺子，出來告訴列子說：「幸好你老師遇見了我，（才能看出）他有救了，全然有活下去的可能了。我看到在閉塞的生機中有權變了（「吾見其杜權矣」）。新變化是什麼呢？壺子說：「剛才我顯示給他的是土壤透出天機，名與實都不能進入，而生機自腳跟湧現。所以他看見我好的生機。」（「鄉吾示之以天壤，名實不入，機發於踵，是殆見吾善者機也。」）「杜權」不是臉相的描寫，是與善者機同樣的層次，是說杜德機產生了新的變化，是良好的一片生機。比起「溼灰」來，這個臉相該如何描寫呢？尼采曾有「濃雲中的閃電」一語，很適合表現天機，閃電如同生機發動。但莊子的天機是由腳跟湧現，腳跟是湧泉穴，腳跟站立的地方是大地，生機是從大地深處湧起，又好像是《易經》中的震卦，是地中有雷，「地雷」之象，《史記》亦說老子「淵默而雷聲」。不過莊子不喜雷字陽氣太重，喜以水來表示生機，如地中有水，「地水」之象，但如此則四相無以別，因爲在道家，大地就等於深淵。我特別標以「地泉」之象（不過神巫見不到地中有泉，他只能見到地表的氣跡）。在狀態上，比起「不震不止」（其實就是不震，或者說「止」，只是尚未完全停止），此處可說「止中有震」。

第三天壺子示相後，神巫告訴列子：「你老師臉相不整齊（「不齊」），我無法看，等他整齊了，我再看。」其實神巫鐵口直斷，一般人大約總會被看出在某個時機點上，陰氣勝過陽氣，臉相是跡，而此時跡則冥化，氣化，顯現爲渾沌，都在變化當中。「不齊」也並非形象，我取〈逍遙遊〉中：「野馬也，塵埃也，生物之以息相吹也。」一段，以郭象注「野馬」爲「游氣」[7]，作爲神巫所見之臉相，不過，渾沌也超過神巫的了解。「游氣」正是野馬奔騰掀起的一片渾沌。壺子說：「我剛才所顯示的是大的沖和，陰和陽相抗衡，彼此勢均力敵而達到平衡，他看到了我氣機的平衡（「吾鄉示之以太沖莫勝。是殆見吾衡氣機也」）。那麼在氣機的狀態上是亦震亦止，通常傾向震或止，現在兩者皆是，無以決定。

壺子說：「鯨魚盤桓所凝聚的水是深淵，止水所凝聚的水是深淵，流水所凝聚的水是深淵，淵有九種名稱，此處有三種。」（「鯢桓之審爲淵，止水之審爲淵，流水之審爲淵，淵有九名，此處三焉。」）「鯢桓之水非靜非動，喻衡氣機，止水靜喻杜德機，流水動喻善者機」[8]，壺子淵深莫測，但他的道行來自道，深淵即道的象徵。

第四天，神巫再見壺子，還沒立定，急慌慌拔腳就逃，壺子叫列子去追，列子追不到，可見神巫受了很大的驚嚇，被壺子的臉相驚嚇到。壺子說：「我剛才給他看的臉相是從沒走出我自己。我虛其自己(忘我、喪我)而隨順他，他看不出我是誰。我只是無我而順從，隨波逐流，所以他跑走了。」（「鄉吾示之以未始出吾宗。吾與之虛與委蛇，不知其誰何，因以爲弟靡，因以爲波隨，故逃也。」）神巫所看到的相，是「不知其誰何」，簡單的說，眞人不露相，氣跡沒有出現到臉上，人的臉總有氣跡，而壺子完全的冥化，那不是人的臉，眼前無人或非人。借用後文「至人之用心若鏡」，神巫所看到的是一面鏡子，氣跡是隨著神巫照鏡而顯現出來，故立爲「鏡」的形象。這也是文末所說「至人之用心若鏡，不將不迎，應而不藏，故能勝物而不傷。」在氣機的狀態上，是「非震非止」，什麼也沒有，是隨順著神巫的氣機，故可以說是「波隨機」[9]。波是水，水是生機，故是隨順著別人的生機，而自己是一片寂然至無，臉則成爲一面鏡子。不僅是「藏鏡人」，臉藏在鏡子之後，而就是鏡子。

壺子會「變臉」，神巫只會看相。壺子變臉是他的道行，但道行來自他對道的體認，能「既其實」，探究道的實在。道的實在，即由深淵來象徵。由深淵呈現不同的狀態，顯現不同的氣機，由是壺子能顯示不同的氣相。壺子的淵深莫測，來自大道的淵深莫測。而在波隨機中，餘六淵畢現，故而「無我」最得莊子勝義。根據《列子》〈黃帝〉：六淵是濫水（泛湧的水）之審，沃水（從上澆注而下的水流）之審，氿水（從側面湧出的水流）之審，雍水（泛濫又被壅塞的水流）之審，汧水（從地下冒出而後積止的水流）之審，肥水（不同源而後合流的水）之審[10]。這也說明「波隨機」的重要。

先試作一表，以表明壺子四門示相：

臉相（看相）	道（示相）	狀態	天機	道（深淵）	陰陽關係[11]
溼灰	地文	不震不止	杜德機	止水之審	陰勝陽
地泉	天壤	止中有震	善者機	流水之審	陰中出陽
游氣	太沖莫勝	亦震亦止	衡氣機	鯢桓之審	陰陽平衡
鏡	未始出吾宗	非震非止	波隨機	六淵畢現	全陰

此表應可明示四門示相的相互關係。壺子的道行來自道，道即自然，而道亦即深淵，如何以深淵明道呢？

三、何謂深淵

壺作為平常使用的器具，是一個容納的容器，圍起一個空的空間。容器所以成為一切器具的最高範型，正因為它有空的空間，所謂「無」。所以老子說當它保持在空的空間時，也就是「當其無，有器之用」。

容器的形象是這樣的，用實質的東西圍起空的空間。

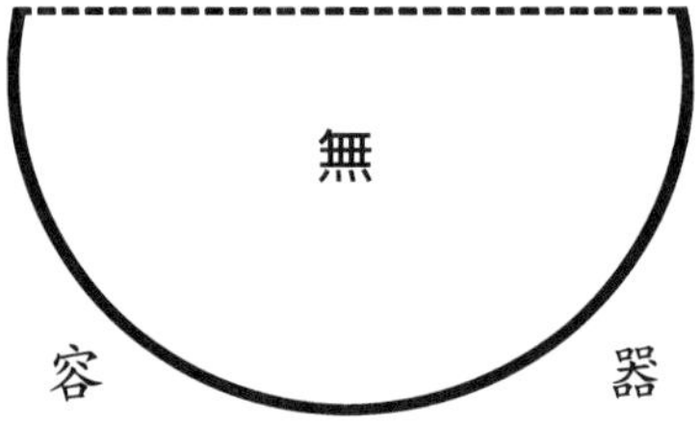

無成爲物中的空虛，一個空的空間。容器可以盛滿水，水是生機。「與容器象徵具有根本關聯的元素包括大地和水。能容納的水是生命的原始子宮……。它是『下層』的水，深層的水，地下的水和海洋、湖泊和池塘。」[12] 雖然引文中「容器象徵」是指女性主要的象徵表現，所以據此可以說老子哲學是母親哲學。「我有三寶，持而保之。一曰慈，二曰儉，三曰不可爲天下先。」〈六十七章〉「慈」最明顯，但三寶都可以說是母親的德行。水亦可以類比的說是大地的乳汁，水總是生機的來源。「大地作爲下界和地獄，也作爲墳墓和洞穴，具有基本的容器特徵。」[13]。大地不是堅實的根據，也具有容器的特徵。《易經》〈說卦傳〉曰：「坤爲地。」而〈帛書本〉以「川」(坤)爲卦名，此則川、坤可以互相假借[14]。那麼大地與河流成爲可以互釋的概念，老子甚至以江海來啓發闡明聖人的德行。「江海所以能爲百谷王者，以其善下之，故能爲百谷王。」〈六十六章〉要成爲王者，要如江海之「善下」於百谷，處於百谷之下。江海即是深淵，無怪乎老子說：「道沖而用之，或不盈，淵兮似萬物之宗。」〈四章〉又說：「上善若水，水善利萬物而不爭。處眾人之所惡，故幾於道。居善地，心善淵……。」〈八章〉道是深淵，心也要像深淵一樣，淵深莫測，並非權謀或機心，而是作爲一個大的容器，能容納、能包容萬事萬物。大地、江海、深淵都是以一個大的容器爲範型。

以容器爲範型，就了解前文所說，大地不是一個堅實的根據。試以圖明之：

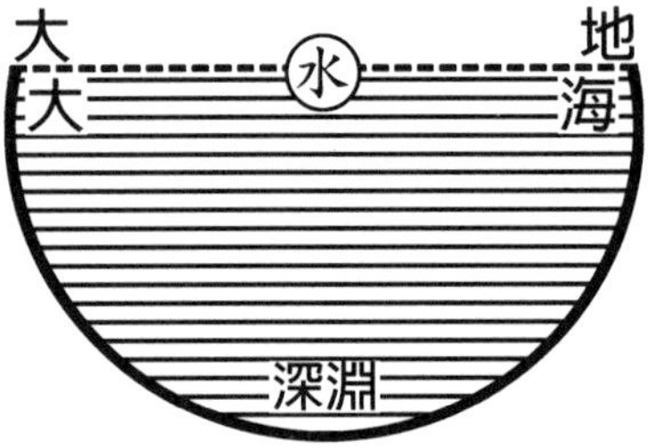

淵深莫測成爲道家倫理的範型，〈齊物論〉中：「注焉而不滿，酌焉而不竭，而不知其所由來，此之謂葆光。」「葆光」是韜光養晦之意。「注焉而不滿，酌焉而不竭」也是描寫大海的，與〈秋水〉篇中：「天下之水，莫大於海，萬川歸之，不知何時止而不盈，尾閭泄之，不知何時已而不虛。」是同樣的語意。〈秋水〉是講海神北海若，把大海擬人化，而有尾閭的字樣。

道即自然，即大地，即大海，即深淵。道本身是隱匿，「存有只是從任何存有物的基礎上把握中撤回自己……，道本身是隱匿。」[15] 隱匿是隱匿在深淵中，道即深淵。

這樣，我們就可知道壺子示相只是氣跡在臉的表面的映現，深淵是冥，是看不見的。試比較四圖：

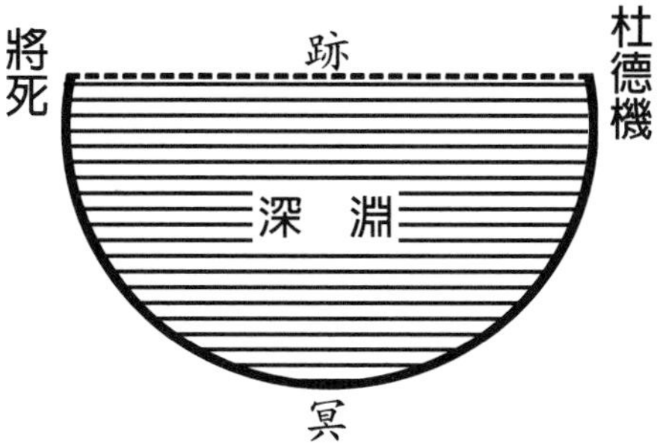

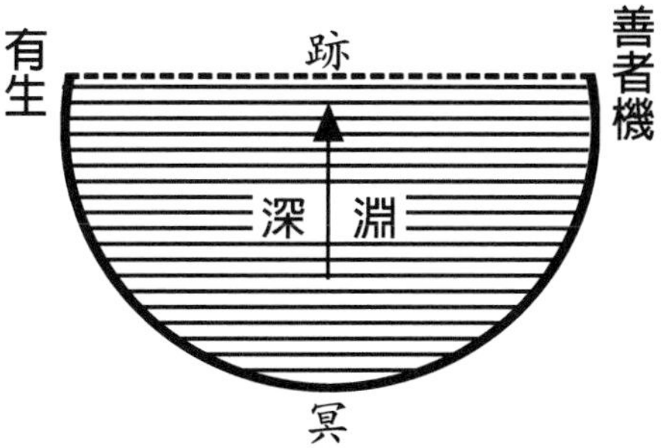

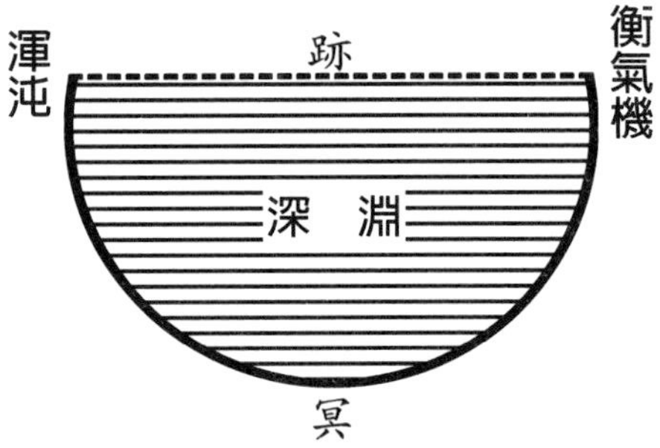

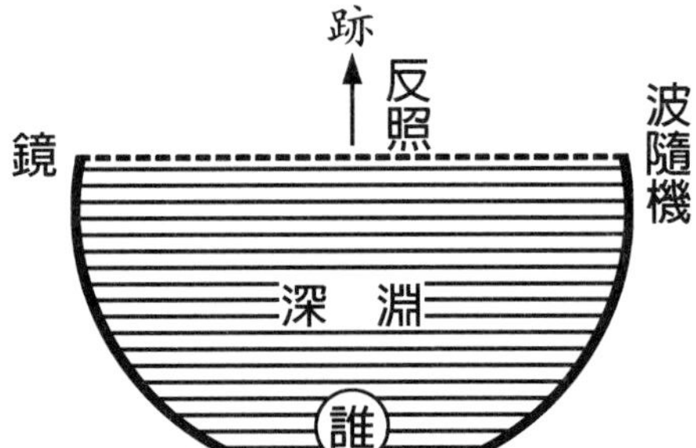

這是神巫所見的臉相示意圖，壺子眞正的道行即淵深莫測，他是看不見的。「杜德機」的一條粗黑線表示大地表面的文理，生機密閉不出。「善者機」中間的虛線表示在臉的表面上的生機，但也看不到生機來自深淵。「衡氣機」的半條粗黑線和半條虛線表現陰陽兩氣的平衡，呈現的是渾沌的面相，所以他無法斷定。他只能看到氣跡上的渾沌，看不到這渾沌來自深淵，在「波隨機」上，他只見到波面如鏡，隨機映相，是自己的氣跡鼓動映在波面上。人有臉相，總有氣跡映現，現在只有一面鏡，毫無氣跡。但鏡後總有一種存在，不是人！是誰？是神是鬼？總之是另一種存在，是陌生的他者，竟無臉相可觀，故「自失而走」。壺子示相是爲顯現道行，神巫不知他能變臉，否則第一天能「變」出瀕死的臉即相當恐怖，可以令他「自失而走」了。壺子當然是神人，神巫遇見他是小巫見大巫。神巫只能見到氣跡上的映現，氣跡上的渾沌，他無法斷定；而毫無氣跡，那鐵定不是人，非神即鬼，亦無人（像伯昏無人），亦非人。壺作爲一個容器，壺上有蓋，深藏密閉；正像壺子「未始出吾宗」。

四、聲音與聽覺

現在如果把身體作爲一容器，可以類比前面道或自然的圖示，畫出一道行的圖示。

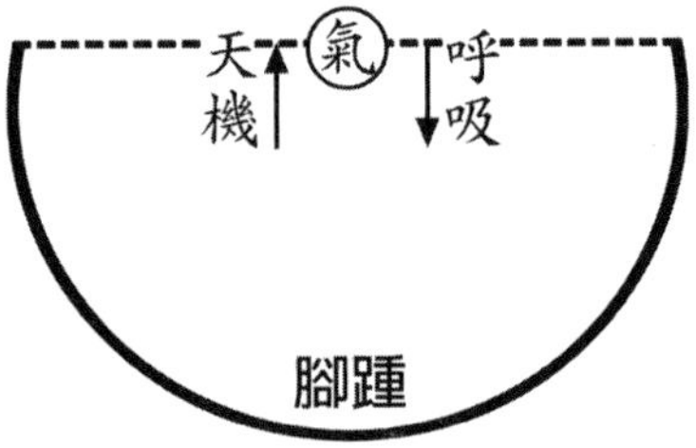

氣化在於物之虛，是循虛而行。所以我說：「即虛生氣，即氣化神」是莊子哲學的總綱。〈大宗師〉中眞人的氣息相當深沈，「眞人之息以踵」，呼吸直到腳跟，由湧泉穴開始提氣，故腳踵相當人體的深淵。而〈應帝王〉中「名實不入，機發於踵」，名實是社會問題，名實不入故回歸自然，這氣機也是天機，也可以說生機從腳踵開始勃發。氣化既在於物之虛，是在身體內的空虛處進行，就可以進一步了解「坐忘」與「心齋」爲何都用聲音與聽覺來表達了。簡言之，是聆聽氣化活動。

〈齊物論〉中，南郭子綦的「吾喪我」一段中，「人籟」是「比竹」，人對著簫管吹聲。「地籟」是把萬物比爲物之虛的「眾竅」，萬物是像孔竅般空虛，所以「厲風濟，眾竅爲虛」，狂風大作，所有孔竅都空虛了，發出不同的聲音。至於「天籟」則表示無有一物曰風，都是各種孔竅發出各種不同的聲音，自己回到自己(「夫吹萬不同，而使其自己也。」)都是萬物(眾竅)回到物之虛，自取的氣化活動，而不須依賴別物(咸其自取，怒者其誰邪！)莊子把萬物的氣化活動比作音樂，人籟是人對簫管吹氣，相對不自然。其實至地籟已足，天籟不過強調其自取義、自然義，可以更凸顯出氣化活動。其實氣化即自化。萬物在其物之虛，即成爲眾竅；人在其物之虛即「喪我」。

〈人間世〉的「心齋」，是「無聽之以耳而聽之以心，無聽之以心而聽之以氣。」耳朵聽的是實質的聲響，是各種言談，用心聽則能辨別語言作爲符號所表達的意義，至於用氣聽則是聽取自己深沉的呼吸，氣化活動之聲。在氣化活動之中，是虛其自己，則無心，故「虛者心齋」。

莊子氣化哲學的眞面目顯現出來了，是天然之化聲，大自然變化的聲音。在這氣化活動中，萬物都自化，都回歸自己的變化；由氣化活動回歸自然，在氣化活動中沒有「我」在，沒有「心」在，沒有「人」在。在的只是「不知其誰何」。

如果把「機發於踵」比照道的圖示，那麼天機發自於深淵，如同有來自於無，無能出有。「沒入水中象徵回到原初形式、整體復活、新的誕生，因爲潛入水中便意味著形式的解體、重歸存在以前的無形；從水中誕生則是重複創造的行爲，通過此種行爲便首次出現了形式。」[16]道即深淵，深淵即渾沌，渾沌即無形，此原初形式即形式的解體，卻包含了形式的可能性。

五、無的實踐

壺子以往教列子時是「既其文，未既其實。」現在壺子示相是「既其實」。「既其文」時，列子見到神巫「若神」，爲神奇的能力而心醉。「既其實」後，列子以爲「未始學而歸」，那麼歸後是「始學」，始學只能歸於無的實踐。

什麼是無的實踐呢？他其實只做了三件事，這三件事按照一般對做事的標準看，不算做事。無的實踐即是「無爲」。他三年不出門，爲太太升火煮飯，餵豬像餵人一樣（「三年不出，爲其妻爨，食豕如食人。」）出門在外做事，不外乎求名求利，不出門正是「無名」的實踐。「在由父子相似性和占主導地位的男性邏輯構成的一個心理語言世界裡，女人是匱乏或緘默、銷聲匿跡和默默無聞的性別。」[17] 不僅如此，廚房所代表的生活空間還代表卑劣的位置，「空間被想像爲自在的和自爲的，而在政治之外，它還與某種意識型態有關。沒有任何東西可以防止人的欲望進入這一邏輯之中。」[18] 自在自爲只是一種想像，它代表一種意識型態，「爲妻爨」代表打破這一邏輯，也瓦解這一支配女性的欲望。或甘願處於卑劣的空間，任女性支配？「至人無己」要貫徹到打破男尊女卑的二元邏輯。人面對萬物、餵豬使豬生長，卻像餵人一樣，「齊物」使人混然處於萬物之中，是

「萬物爲一體」的情懷，也是神人無功的實踐。從此列子對世事漠不關心，回歸純樸，獨獨地只靠一個形體活在世上（「於事無與親，雕琢復樸，塊然獨以形立」）。

無的實踐也是無爲的實踐。無與無爲，在實踐上其義一也。無的名詞，就成爲「無化」的動詞。那麼無是聲名的主人，無是謀畫的空間，無可以承擔事物，無可以主導認知（「無爲名尸，無爲謀府；無爲事任，無爲知主」）。這也是〈大宗師〉中子祀子輿子犁子來的「以無爲首，以生爲脊，以死爲尻」的「生死存亡爲一體」。對人生有無窮盡的體驗，而遊戲在沒有朕兆的地方（「體盡無窮，而游無朕」）。這種無窮的體驗，不是以德性或理性作主，而是以廣度的空間爲主，體認到的是萬事萬物的差異。無朕是沒有形跡，名利均爲形跡。盡其所承受的是來自天然，也沒有什麼認識或要凸顯自己，也只有虛其自己而已（「盡其所受乎天，而無見得，亦虛而已矣」）。

鏡子的意象是用來反照，只有虛其自己，由喪我、心齋、坐忘的實踐工夫，對事物不過是反照。至人對待事物，就如道對萬物，沒有什麼不歡送，也沒有什麼不迎接，只是回應而不藏什麼得失之心。所以能勝過物欲，而不受傷害（「至人之用心若鏡，不將不迎，應而不藏。故能勝物而不傷」）。

南海海神爲儵，北海海神爲忽，常相遇於中央之神渾沌之地，渾沌待他們很好，儵與忽爲報渾沌之德，每天爲渾沌鑿一竅。鑿七竅而渾沌死。無的實踐工夫，無論喪我、心齋、坐忘，歸到結柢，不過是氣化活動。無化即氣化，渾沌也歸之爲氣化的渾沌。「渾沌在另一方面，指的並非混亂，而是衝動的多樣性，力量的整個境域。」[19] 渾沌保住的是萬物的差異性，鑿七竅，使之有了人的感官和聰明，七竅一成，渾沌就死。渾沌是萬物的氣化活動，萬物皆自化，回歸大化，才有渾沌。

其實儵與忽應當合言《楚辭・天問》中：「雄虺九首，儵乎安在？」王逸注爲「電光」，但洪興祖以爲不妥，應依〈招魂〉：「南方曰，雄虺九首，往來儵乎。」而注爲疾急貌。〈秋水〉中說風「蓬蓬然起於北海，蓬蓬然入於南海。」儵與乎或正是風的蓬蓬然，風的疾急，故而回應〈逍遙遊〉中鵬鳥即風鳥的隱喻，但風也不過是人爲的隱喻，風化即氣化，氣化即渾沌。渾沌不能再「人化」。

注釋

1 漢斯—格奧爾格・加德默爾，《真理與方法》，洪漢鼎譯（台北：時報，一九九三），頁一五四。

2 轉引自沈清松，《現代哲學論衡》（台北：黎明，一九八五），頁二三九。

3 Martin Heidegger, *Poetry, Language, Thought*, trans. by Albert Hofstadter (New York: Harper & Row, 1975), p. 169.

4 王弼，《老子註》（台北，藝文，一九七五），頁四二，惟王弼下文似以「動作」釋「容」字，今不依。

5 河上公正以「大」釋「孔」，我雖不從，但空虛的德性，必是廣大的德性。東萊校，《音注河上公老子道德經》（台北：廣文，一九九〇）。見《道德經・上》，頁十。

6 諾思羅普·弗萊，《批評的剖析》，陳慧等譯（天津：百花文藝，一九九八），頁一二七。

7 郭慶藩輯，《莊子集釋》（台北：河洛，一九七四），頁六。

8 陳壽昌輯，《南華真經正義》（台北：新天地，一九七四），頁六。

9 牟宗三立為「波隨機」，頗為機智。見《才性與玄理》（台北：學生，一九七五），頁二二八。

10 惟《淮南子》：「有九璇之淵。」許叔重云：「至深也。」則九淵均有一深淵之意。王叔珉，《莊子校詮》（台北：商務，一九九九），頁二九七。

11 黃錦鋐在語譯「地文」時說「陰勝陽」，合理；故下表以其意列出「陰陽關係」一欄。

12 埃列希·諾伊曼，《大母神》（北京：東方，一九九八），頁四七。

13 同注12，頁四五。

14 張立文，《周易帛書今注今譯》（台北：學生，一九九一），頁一〇。

15 Martin Heidegger, *Basic Concept*, trans. by Gary E. Aylesworth（USA: Indiana Univ., 1993）, p. 51.

16 米爾恰·伊里亞德，《神聖的存在》（桂林：廣西師範，二〇〇八），頁一七九。

17 伊萊恩·肖瓦爾特，〈女性主義批評理論〉，收入張京媛編，《當代女性主義文學批評》（北京：北京大學，一九九二），頁二五六。

18 雷米·埃斯為亨利·勒菲佛《空間與政治》寫的序言，李春譯（上海：上海人民，二〇〇八），頁五。

19 David B. Allison edited, *The New Nietzsche*（New York: Dell, 1977）, p. 11.

第九章 從水的元素到風的元素

——結論

自〈逍遙遊〉開始，把老子哲學歸爲水的哲學，把莊子哲學歸爲風的哲學，在對比之下展開對風的隱喻的追尋，這樣以確定老莊哲學系統的差異。

一、由〈天下〉篇至魏晉玄學

「老莊不同道，古者已知之。」[1] 問題是知道什麼呢？莊子後學的〈天下〉篇，對老、莊的差異即充滿問題。例如把關尹，老聃並列「古之博大眞人」，無異就模糊老聃的特殊地位。《史記》說老子「見周之衰，迺遂去。至關關令尹喜曰：『子將隱矣，彊爲我著書。』於是老子迺著書上下篇，言道德之意五千餘言而去。」[2] 關令尹乃是老子的學生，其學應遠不及老子，對老子在並列的尊稱中有貶義。另外〈天下〉篇對老子的評論不無疑義，僅列兩條來看：「建之以常無有，主之以太一」、「以濡弱謙下爲表，以空虛不毀萬物爲實。」「太一」很模糊，「道生一」（四十二章），「一」怎麼是主呢？「一」是從「視之不見名曰夷，聽之不見名曰希，搏之不得曰微。此三者不可致詰，故混而爲一。」而說，〈十四章〉當然，「太一」是「一」到極點，也不能說錯，只是含糊，其實「一」就是無，或者說「主無」之「主之以道德」也可以了。「濡弱謙下」是倫理實踐，不能只是「表」，它就是實，建議改成「柔弱謙下」。老子對萬物的態度是「慈」，而且是「慈且勇」〈六十七章〉，故而此條建議改爲「柔弱謙下，以空虛慈護萬物爲實」。

〈天下〉篇講莊周處也可以看兩條：「芒乎何之，忽乎何適，萬物畢羅，莫足以歸」，及「以天下爲沉濁，不可以莊語」。頭條說人生芒惑飄忽不知道到哪裡去和到何處可以安適，甚至包羅萬物卻不知所歸，看來眞像莊子後學讀不通《莊子》的感受。如此一說，「心齋」、「坐忘」俱成空談。另外，莊子論道竟然不是莊重的言論，寓言、重言、巵言的寫作方式並不影響他莊重的言論呀！結論說：「其於本也宏大而辟，深閎而肆，其於宗也，可謂調適而上遂矣。」說莊子對道的體會弘大深刻，甚至調和妥適上達（天道或老子）也就可以了，偏偏又說：「其應於化而解於物者，其理不竭其來不蛻，芒乎昧乎，未之盡者。」說莊子順應變化來理解事物，說理並沒有窮盡使事物產生變化，還有芒惑曖昧的地方，沒有能窮盡它。結論竟然是莊子體道不夠究竟，〈天下〉篇對老莊的理解可見一斑。

魏晉玄學能不能恢弘老莊哲學呢？在繼承中或許精義絡繹，但除了扭曲以外，可以說都繼承了半截。

王弼注「道可道，非常道；名可名，非常名」一句，曰：「可道之道，可名之名，指事造形，非其常也，故不可道不可名也。」用言語和名稱來(爲道)指陳事物創造形象，都不合常道；這種理解不能說錯，但「可道」、「可名」都有積極的意義，老子畢竟「道」了五千言，另外老子也嘗試給道命名：「吾不知其名，字之曰道，強爲之名曰大，大曰逝，逝曰遠，遠曰反。」〈二十五章〉可以詮釋爲「可道」，但不能用通常的言說；「可名」，但不能用通常的名稱。「道家也認爲語言的表意功能必然是比喻性的，它不能直接捕捉到事物的眞相。……尤其是後二句，也可以當爲Derrida對『意義』的延異difference的理論的例證。」[3]可道可名，只是意義會延異。

王弼注「無名天地之始，有名萬物之母」句，爲「凡有皆始於無，故未形無名之時，則爲萬物之始，及其有形有名之時，則長之，育之，亭之，毒之，爲其母也。」經文上沒有「未形」與「有形」，王弼豈非多事？「此兩句似是指天地萬物說。言無形無名之道既於萬物『未形無名之時』，則始萬物，又於萬物有形有名之時，終萬物。自其『終萬物』言，則謂之母。自其『首萬物』言，則謂之始。」[4]這樣就代表王弼橫生枝蔓，越說越糊塗，是青年哲學家的強解，而非體道之言。此兩句均指道，「無」和「有」提煉出來較簡明，意即「以無，命名天地的開始；以有，命名萬物的根源。」否則依河上公注：「無名者，謂道……有名者，謂天地。」可推論出「道是天地的開始，天地是萬物的根源。」由無出有，就是由無中生出天地，然後有萬物。王弼將天地和萬物的層次混淆不分，又把道作爲萬物始終的時間歷程，說道在終萬物時叫做「母」，這就曲解了「母」義。在「我獨異於人，而貴食母」〈二十章〉王弼注食母爲「生之本」，語意含糊；河上公注「貴用道也」，就較精確。母指道說，總是根源義。無與有是道的異名，但有存有論層次的先後。無與有是一體的兩面，由無然後能有，而有必要歸無。無是有中無，有是無中有，這才能是玄之又玄。

注〈第一章〉即如此橫生枝蔓，我們能期待由王弼彰顯老子的全體大用嗎？王弼有「無的智慧」，無而不能有，就只能是半截老子。「凡有皆始於無」一句最能看出王弼「以無爲本」的思想。王弼注「天下萬物生於有，有生於無」〈四十章〉，曰：「天下之物皆以有爲生，有之所始，以無爲本。」這種思想已遭批判，「此中之『生』義是有被王弼了解爲創造義之嫌。這樣一來，『無』便好像變成『創造者』，萬物都是『無』所創造出來的。」[5] 這是批判王弼的無的概念，有像上帝般的創造者的姿態。其實無作爲道的異名，當然可以有創生義，這可以另說，例如「母」也是道的異名，「母」不可以有創生義嗎？沒有創生義，道家就倒塌了。只是當王弼把無視爲「寂然至無」，那麼「無中生有」就出了問題。其實，無則無本，有才可以說是本，有則有本。

郭象注〈逍遙遊〉云：「夫小大雖殊，而放於自得之場，則物任其性，事稱其能，各當其分，逍遙一也。」這樣大鵬也逍遙，學鳩也逍遙，反正大小「各當其分」，明顯有違〈逍遙遊〉中說：

「之二蟲又何知」的貶抑，其實〈逍遙遊〉本爲人生啓示錄：要像大鵬怒飛般逍遙，就不能如學鳩以小爲足，而要待「風之積」之厚，所待者大，以至於無待，才能成爲「至人無己，神人無功，聖人無名」。郭象注「南冥者，天池也」，說：「直以大物必生於大處，大處必生此大物。」就知道「大」的重要，此注甚美。其實「大」是道的異名，否則〈天下〉篇稱老子「博大眞人」就無意義了。大鵬爲大鳥，自是神鳥；而且鵬鳥本爲風鳥，宣示「風的哲學」的到來。

另外注「堯讓天下於許由」一段：「夫能令天下治，不治天下者也。故堯以不治治之，非治之而治者也。」堯怎會是以不治治之，明顯有違前後語意，許由正由名實問題推辭，並未說「以不治治之」的問題。另「是以無心玄應，唯感之從。汎乎若不繫之舟，東西之非己也。」此注甚美，惜仍不諦，正如注「有神人居焉」一段，說「夫聖人雖在廟堂之上，然其心無異於山林之中」，神人明明居於「藐姑射之山」，與「廟堂之上」何干？這種獻媚統治者之說與莊子何干？這多半出於郭象之手，而非向秀（「象爲人行薄。以秀義不傳於世，遂竊以爲己注」）。

老子是無、有雙重性，但無比較有優先性；莊子〈應帝王〉中：「無爲名尸，無爲名主，無爲事任，無爲知主」，莊子尙無。王弼貴無；郭象講「物化」，貴有。不過王弼、郭象比起老子、莊子來，畢竟有小、大之別。魏晉玄學雖大暢玄風，但不能恢復老子、莊子之全體大用，以至於隋唐爲佛家天下矣。

二、水的元素

在老子哲學中可以找出一種「容器」的觀念，作爲一切器具的範型。「埏埴以爲器，當其無，有器之用。」〈十一章〉揉和陶土製成容器，陶土圍繞出一個空的空間。當容器中空虛的時候，才有容器的用途。無和空虛，成爲互通的概念，空虛無用，包含各種可能的用途，裝滿而不空虛的時候，只有限定的用途。容器因爲空虛，才可以容納、包容事物。

如果把容器的作用推廣到自然形象中，可以找到類比的形象。「谷神不死，是謂玄牝，玄牝之門，是謂天地根。」〈六章〉山谷中的神靈不會死亡，因爲山谷中的空虛不是實體，所以山谷中的空虛是神秘的陰性。無，空虛，老子是以陰性存有論作類比的。神秘陰性的門戶，是天地的根源。由無或空虛，才誕生天地，天地是有。通常崇拜山神，山是實體，現在谷神是因空虛才有神靈。河上公把「谷」訓爲「養」，「谷神」成爲「養神」，應不太是老子的意思，但在淡泊空虛中「養神」，接近莊子。

谷神的形象，也是容器的形象，有一空的空間。

天地之間，是一個大的容器。「天地之間，其猶橐籥乎！虛而不屈，動而愈出。」〈五章〉王弼和河上公都把橐籥訓爲樂器，都認爲橐籥中空虛，合於下文，空虛卻不彎曲，好像「天地之氣，合而生風」，一動就有聲氣。天地之間不僅是風或聲氣，也有甜美的露水。「天地相合，以降甘霖。」〈三十二章〉天氣和地氣相合，甘露成爲一種贈禮。無和空虛的概念，現在成了風和水的意象。

在風和水的意象中，老子最後以水的意象勝出。

水的性質柔軟、變動，運用水的特性幾乎可以指涉大道的特性。「上善若水，水善利萬物而不爭，處眾人之所惡，故幾於道。居善地，心善淵……。」〈八章〉水最接近道，水滋潤萬物而不爭，處於眾人所厭惡的卑下之地。上善的人像水，居住善於選擇地方，心善於保持像深淵般包容廣大。水滋潤萬物，並往低處流，形成深淵。這樣很容易形成一種印象：道接近深淵的形象。

「道沖而用之或不盈，淵兮似萬物之宗。」〈四章〉道沖虛的作用好像不會盈滿，它像深淵一樣好似萬物的宗主。用深淵形容道，好似深淵可以包容萬物。但什麼是深淵呢？「江海所以能爲百谷王者，以其善下之，故能爲百谷王。」〈六十六章〉因爲江海「善於」處於百谷之下，越卑下越能成其大，那麼江海就會成爲最大的山谷，因爲所有的山谷的水都向江海匯聚。

江海就是深淵，在自然形象中成爲大的容器。

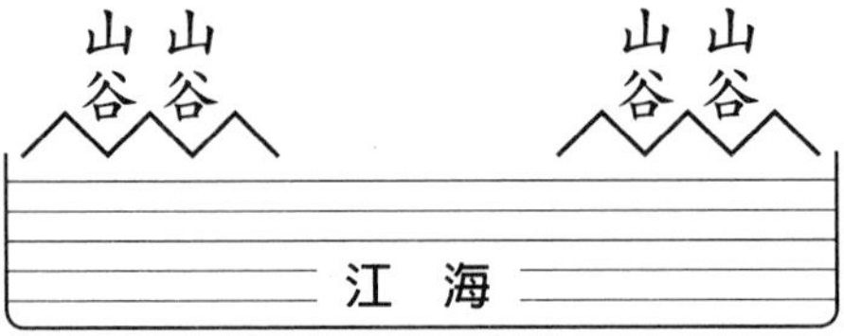

（百谷王）

江海不僅是最大的山谷，也是自然中最大的容器。「道在天下，猶川谷之與江海。」〈三十二章〉不僅山谷的水，各種河川的水也往江海匯聚，江海之廣大，能包容或容納所有比它高的水。江海不僅是像水「幾於道」，簡直就是大道的形象。道即自然，而與大地，大海與深淵，幾乎達到互相轉喻的層次。「有生殖力的大地是自我產生的；它從原始海洋的深處升起。」[6] 大海、深淵不過是大地中的空虛。

確定了道即大海、深淵的比喻，也是以最大的容器爲範型的，那麼「孔德之容，惟道是從。」〈二十一章〉即空虛德性的包容或容納，是以大道爲依歸。「知其雄、守其雌，爲天下谿。……知其榮，守其辱，爲天下谷。」〈二十八章〉守住雌性那樣的安靜、卑下，成爲天下最大的山谷。無論如何，山谷、江海、深淵，都是雌性的、陰性的，「大海對於所有的人來說是最偉大、最持久的母性象徵之一。」[7]「牝常以靜勝牡，以靜爲下。」〈六十一章〉陰性、雌性就是安靜卑下，才勝過陽性、雄性。

「我獨異於人，而貴食母。」〈二十章〉河上公注「母」爲「道」，注得簡明，那麼大道不外母道。「常德不離，復歸於嬰兒。」〈二十八章〉「專氣致柔，能嬰兒乎？」〈十章〉這就把大道與聖人的關係，定爲母子關係。甚至也定住了道與德的關係，因爲「常德不離」，如嬰兒不離母親懷抱一樣。甚至「我獨泊兮其未兆，如嬰兒之未孩。」〈二十章〉

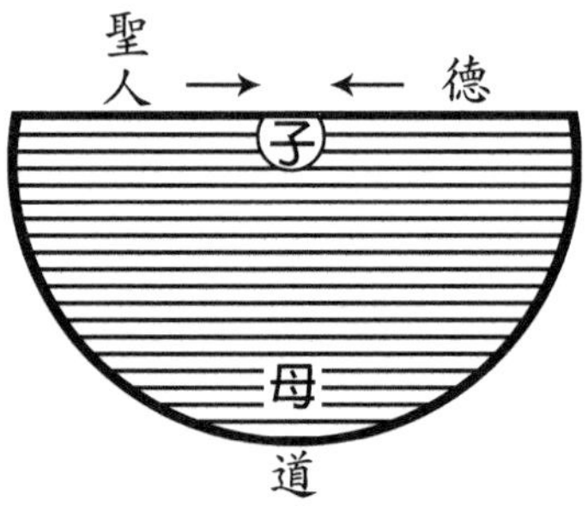

聖人對天下萬物的關係，卻要如同大道「衣養萬物而不爲主」〈三十四章〉，好像母親對嬰兒的養育，也是母子關係。「天下有始，以爲天下母。既得其母，以知其子；既知其子，復守其母。」〈五十二章〉天下的開始是「天下母」，但「天下萬物生於有，有生於無」〈四十章〉故「天下母」是有，有即德，是得於道者。

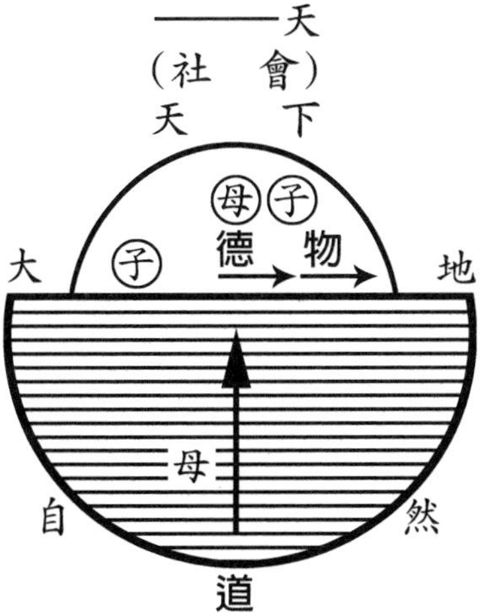

「德」與「物」的關係橫置，是因聖人「常德不離」以面對天下萬物。所以聖人一方面對大道來說：「含德之厚，比於赤子」〈五十五章〉，是子對母。一方面對天下來說：「慈故能勇」〈六十七章〉，是母對子。慈祥守護天下萬物，是聖人作爲天下母親的責任。「百姓皆注其耳目，聖人皆孩之。」〈四十九章〉聖人也把百姓當作自己的孩子。甚至「有國之母，可以長久。」〈五十九章〉治國也要像母親一樣。

老子萬物之道的結構是：「道生之，德蓄之，物形之，勢成之。」〈五十一章〉這是道生萬物的順序結構。

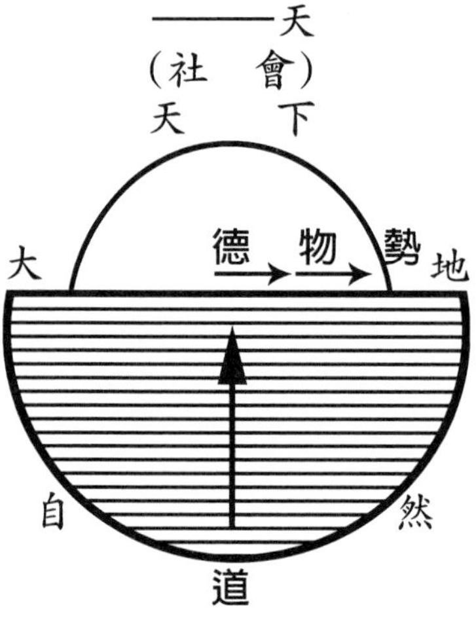

修養的順序卻是從「勢」上退回。「反者道之動，弱者道之用。」〈四十章〉在勢上爭勝，就是「物壯則老，是謂不道，不道早已。」〈五十五章〉在勢上要退守，因爲「勇於敢則殺，勇於不敢則活。」〈七十三章〉勇於不敢，就像水般柔弱。「虛其心，實其腹，弱其志，強其骨。」〈三章〉「實腹強骨」是保身全生的資具，但「虛心弱志」是爲免在勢上用強爭勝，要守住「常德不離」。那麼「常德不離」對於大道，就像嬰兒歸回母親懷抱。「吾所以有大患者，爲吾有身；及吾無身，吾有何患！」〈十三章〉，身體亦可寄託於天下，成爲天下人的身體。這是對天下的慈愛。

至於老子所謂的天道，是保住天下萬物或百姓的差異性所形成的社會正義，就自然達到平均。「天之道，其猶張弓與！高者抑之，下者舉之；有餘者損之，不足者補之。」〈七十七章〉河上公注：「抑高舉下，損強益弱。」天之道到最後還是用水來比喻：「天之道，不爭而善勝，不言而善應，不召而自來。」〈七十三章〉「不爭」仍是「水善利萬物而不爭」，是水的「德性」。「天下莫柔弱於水，而攻堅強者，莫之能勝。」〈七十八章〉也仍然是水的柔弱。

水可以作爲贈禮，由「甘露」一語即知水是「禮物」的性質，所以「既已爲人，己欲有，既以與人，己欲多」〈八十一章〉，這當然也是慈母的哲學。

赫利克拉圖斯說：「除了生成（或變化），我別無所見。不要讓你們受騙，如果你們相信在生成和消逝之海上看到了某塊堅硬的陸地，那麼，它只是在你們倉促的目光中，而不是在事物的本質中。」[8]水的流動不居，適合表現道的變化；深淵更可以表現道或事物沒有「堅硬」的本質，一種無根的深度，是大海的淵深莫測。

如果「專氣致柔」〈十章〉成爲一套氣化哲學，脫離掉老子的一套母子關係，可能有怎樣的風貌？

三、風的元素

風就是氣化，氣化成風。但容器的觀念仍爲範型，大海或深淵作爲最大的容器的觀念仍不可廢。但風的哲學仍有其不同於老子的型態，呈現不同的風貌。

直到清朝，才有宣穎注意到〈逍遙遊〉中「海運扶搖六息（按即六月氣盛），都是說風，卻不曾露出風字。」[9]其中「海運」是特別提出的，其實也可作海潮解，至於「摶扶搖而上者九萬里，去以六月息者也」，「扶搖」指旋風、羊角風、上行風不一而足，是共識，「六月息」按郭象就是「夫大鳥一去半歲，至天池息」，就作「休息」解，我同意此說，那麼宣穎有個「美麗的誤會」。另外，焦竑在注「天籟」一段時說：「莊子欲形容物論之無情，卻從天地間得其尤無根者曰風。」[10]其實豈止「物論之無情」，風的無根正足以表道的無根。

如果知道鵬鳥是風鳥（鳳凰），就將改觀，知道「風」在〈逍遙遊〉中無所不在。

「海運則將徙於南冥。南冥者，天池也。」北冥、南冥只是空間的移動，和「天池」一樣，都是大海或深淵的轉喻，郭象雖注「大物必自生於大處，大處亦必自生此大物」，知道「大」的重要，可惜錯過道家「大海」、「深淵」的隱喻系統。此義一明，就知「列子御風而行，泠然善也」一段，爲何列子如此大能，卻不能達到眞正的幸福，是因他有待於風，還不能達到自我氣化的無待。也知道神人之「吸風飲露，乘雲氣，御飛龍」有其特別的意涵。

風的哲學即自我氣化，就影響到道家修養工夫。〈齊物論〉中的南郭子綦「吾喪我」一段使用

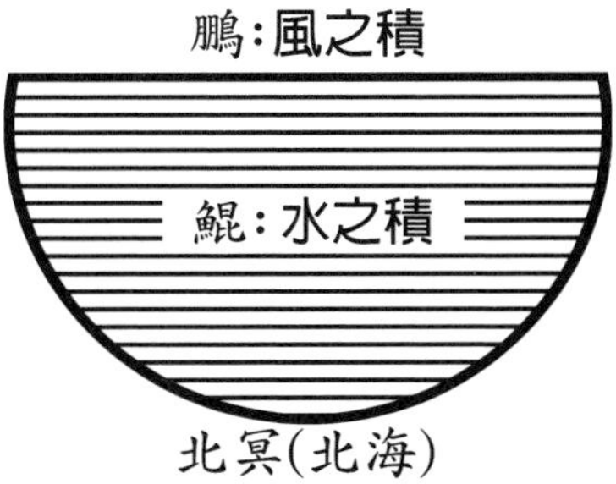

了聽覺，是以地籟（音樂）、天籟說明；地籟是「大塊噫氣，其名爲風」。學生顏成子游也很有慧心地說「地籟即眾竅是已」。在風「是唯無作，作則萬竅怒號」中包含人、獸、物（器具），全都呈現爲孔竅的型態。

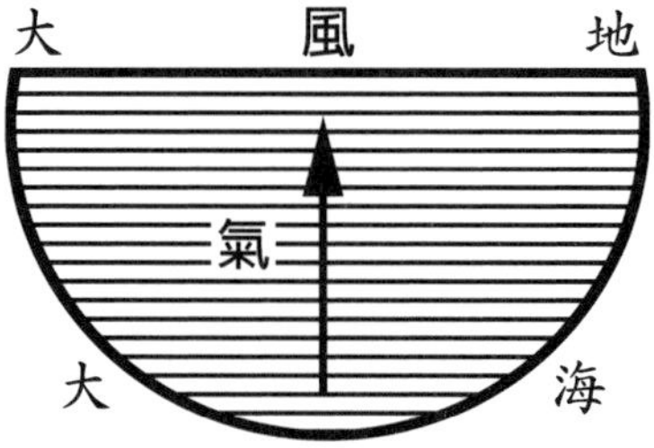

「言非吹也」，言語不是自然的風吹。「注焉而不滿，酌焉而不竭，而不知其所由來，此之謂葆光」，前兩句就是大海或深淵的比喻，「葆光」也是韜光養晦。把人生比作夢，是不是也像風一樣飄忽不定呢？但「莊周夢蝶」卻好像有大夢才有大覺醒，選擇蝴蝶的臨化而化，正是夢中變形的關鍵，參與渾沌的氣化，才能「適志」。先不必談大鵬，先得物化爲一隻美麗的蝴蝶。

在〈養生主〉中選擇代表自然界暴烈力量的牛，由技入道是怎樣奏刀進入筋骨之間的「空隙」（「批大郤」），進入骨節中空之處（「導大窾」），以沒有厚度的刀刃進入有空隙的地方（「以無厚入有間」），遊動刀刃必有很大的餘地（「恢恢乎其於游刃必有餘地矣」）。爲什麼庖丁在見其難爲時視覺停止（「視爲止」），原來是在聽「氣化之聲」。文惠君聽完庖丁的說帖後，得養生或養神的要旨，無非也是神游於物之虛的要旨。亦即在人間要循虛而入，才可以「即虛生氣，即氣化神」。

在〈人間世〉面對有暴烈力量的暴君，提出「心齋」之旨，使用的仍是聽覺。老子說：「心使氣曰強。」〈五十五章〉，現在心不使氣，是齋戒掉心，而要「聽之以氣」，聆聽氣化之聲，這樣「氣也者，虛而待物者也」，在氣化活動中才可以空虛下來，等待事物向我們顯現，「待物者也」準確說來，是待物之化。「瞻彼闋者，虛室生白，吉祥止止」，看那空缺的地方，空虛的房間放出白光，吉祥就停止在那地方。篇末又藉楚狂人的控訴：「鳳凰（鳳鳥）啊，鳳凰啊，你對德性的衰敗是無可奈何的！」而「福輕乎羽，莫知之載」是說幸福比羽毛還輕微，那麼羽毛是沒辦法承載一丁點幸福的。在這超黑暗時代，縱使達到自我氣化的絕對無待，也難說能有什麼幸福。做的決定是「已乎已乎，臨人以德」，已經不能再以德待人了。因爲災禍實在太慘重了（「禍重乎地」）。

〈德充符〉無非描述毀形、喪形、忘形，不足以影響德的修養，仍然可以像老子所說的「常德不離」。那麼正像老子的修養工夫從「勢」上退回，莊子的修養工夫是從「形」上退回。比較老子萬物之道的結構是「道、德、物、勢」四個觀念，「物形之」是物有了形體，在莊子則「形」落到了「物」以外，那麼莊子萬物之道的結構應是「道、德、物、形」四個概念，比照老子說：「道生之，德蓄之、物形之、勢成之。」莊子可以說：「道生之、德蓄之，物成之，形忘之。」物（人）只是一個物（人），無論是殘缺、畸形甚至異形，這都是可忘的，不礙「內德充滿」。

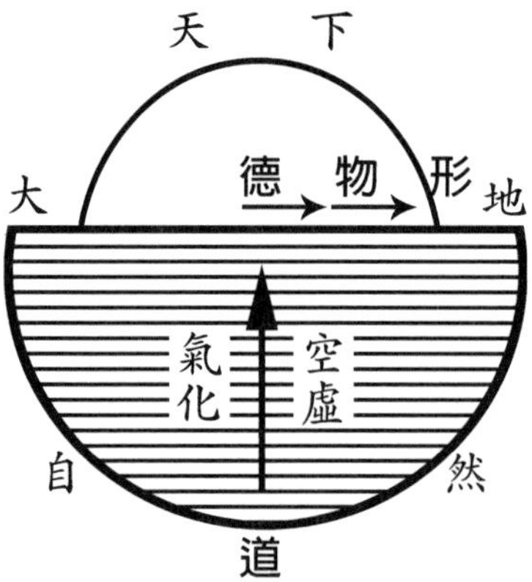

如果我們在「氣化」下，添一「(神)」字，在「空虛」下，添一「天機」；我們就知道〈大宗師〉中眞人爲什麼「其息深深」，又爲什麼「眞人之息以踵」。踵是腳跟，相對自然來說，是人體的深淵。欲望深的人不空虛，天機就較淺薄(「其耆欲深者，天機淺」)，另外在「女偊聞道」一段中，爲什麼聽覺作用(「聶許」)優先於視覺作用(「瞻明」)，爲什麼本能語音或甚至有韻律的音(「於謳」)要先於本能行爲(「需役」)。如果只有氣化活動爲重要，甚至物(人)之生死存亡也可以看開、剝落，這樣就「游乎天地之一氣」。到「坐忘」時就「墮枝體、黜聰明」，「黜聰明」是「去知」，是「心齋」的話，那麼「墮枝體」是「離形」，這「離形」甚至是「外物(人)」了。成爲只是「一氣」耳，不死不生。

壺子四門示相，都是氣機的屈伸而已，「杜德機」是閉塞掉來自道的生機，「善者機」則天機發自深淵(「機發於踵」)，「衡氣機」則天機或氣機半開半閉達到平衡，正是氣機的渾沌。最後「波隨機」氣跡全冥化無有，只是隨順外在氣機的鼓盪。重要的是這四機全發自深淵，保留了老子道即深淵的比喻，壺子的稱謂就是「眞人不露相」了，只是容器的密閉不出。

氣化之道的修養落實在實踐上，就是沒有什麼不歡送，也沒有什麼不迎接，只是回應而無得失之心，所以能勝過物欲而不受傷害(「至人之用心若鏡，不將不迎，應而不藏，故能勝物而不傷」)。

氣化即渾沌，連儵與忽都像風的疾急，疾急的風聲。渾沌即自然的天籟，即氣化之聲，是游乎天地之一氣。「人化」即渾沌的死亡。

莊子的天機不再是老子的自然均平，而是萬物的氣化、獨化、自化，不能再說「高者抑之，下者舉之，有餘者損之，不餘者補之」，只能說「天無私覆，地無私載」（〈大宗師〉），天道如風一樣飄忽了。

莊子風的哲學也可以說是少女哲學，不能再像慈母哲學那樣「以牝勝牡」或者「以慈衛之」，只能像神人一樣在藐姑射之山那樣吸風飲露了。

水是柔軟的，也可以是禮物。是以「聖人常善救人，故無棄人；常善救物，故無棄物。」（二十七章）而風是氣化，飄忽的，不僅從形上退回，甚至也從物上退回（「已乎！已乎！臨人（物）以德」），只有隨順外在氣機的鼓盪了。隱喻看來涉及哲學語言全體的使用……抽象的觀念常隱藏著感性形象。」[11] 莊子或許提供關於眞理或生存的，是更加駭人的觀念與意象；可怖的眞相如同渾沌，要面對渾沌，或者更需英雄般無畏的勇氣。

注釋

1 江瑔，《讀子卮言》（台北：成偉，一九七五），頁九七。

2 司馬遷，《史記》（台北：鼎文，一九七四），頁二一三九。

3 高辛勇，《修辭學與文學閱讀》（香港：天地，二〇〇八），頁七二。

4 牟宗三，《才性與玄理》（台北，學生，一九七五），頁一三一。牟宗三曾說王弼此解有利有弊，要於將來說老子時自述見解，但未之得見。

5 陳榮灼，〈王弼與郭象玄學思想之異同〉（台中：東海學報三十三卷，一九九二），頁一二六。

6 埃利希．諾伊曼，《大母神——原型分析》（北京：東方，一九九八），頁二四七。

7 埃德加．坡之言，引自加斯東．巴什拉，《水與夢》，顧嘉琛譯（長沙：岳麓，二〇〇五），頁一二八。

8 尼采，《希臘悲劇時代的哲學》（北京：商務，一九九四），頁五一。

9 宣穎，《莊子南華經解》（台北：宏業，一九七七），頁一一。

10 焦竑，《莊子翼》（台北：廣文，一九七九），頁一八。

11 Jacques Derrida, *Margins of Philosophy*, trans. by Alan bass (USA: Chicago Univ., 1982), pp. 209-210.

文化叢刊

莊子的風神：由蝴蝶之變到氣化

2010年2月初版　　定價：新臺幣250元

著者　趙衛民
發行人　林載爵

出版者　聯經出版事業股份有限公司
地址　台北市忠孝東路四段555號
編輯部地址　台北市忠孝東路四段561號4樓
叢書主編電話　(02)87876242轉212
總經銷　聯合發行股份有限公司
發行所：台北縣新店市寶橋路235巷6弄6號2樓
電話：(02)29178022
台北忠孝門市：台北市忠孝東路四段561號1樓
電話：(02)27683708
台北新生門市：台北市新生南路三段94號
電話：(02)23620308
台中分公司：台中市健行路321號
暨門市電話：(04)22371234ext.5
高雄辦事處：高雄市成功一路363號2樓
電話：(07)2211234ext.5
郵政劃撥帳戶第0100559-3號
郵撥電話：27683708
印刷者　世和印製企業有限公司

叢書主編　沙淑芬
校對　王允河
封面設計　蔡婕岑

行政院新聞局出版事業登記證局版臺業字第0130號

本書如有缺頁，破損，倒裝請寄回聯經忠孝門市更換。　ISBN 978-957-08-3548-9 (平裝)
聯經網址：www.linkingbooks.com.tw
電子信箱：linking@udngroup.com

國家圖書館出版品預行編目資料

莊子的風神：由蝴蝶之變到氣化/
趙衛民著．初版．臺北市．聯經．2010年
2月（民99年）．224面．14.8×21公分
ISBN 978-957-08-3548-9（平裝）
（文化叢刊）
1.莊子　2.研究考訂

121.337　　99000763